**BUZZ**

© 2019 Buzz Editora
Publisher ANDERSON CAVALCANTE
Editora SIMONE PAULINO
Projeto gráfico ESTÚDIO GRIFO
Assistentes de design LAIS IKOMA, NATHALIA NAVARRO
Revisão LUISA TIEPPO, JULIANA BITELLI

---

Dados Internacionais de Catalogação na Publicação (CIP)
de acordo com o ISBD

---

Jacob, Matheus
*Coragem de existir* / Matheus Jacob
São Paulo: Buzz Editora, 2019.
104 pp.

ISBN 978-85-93156-91-5

1. Filosofia  2. Vida  3. Desenvolvimento humano  I. Título

CDU-1                                                    CDD-100

---

Índices para catálogo sistemático:
1. Filosofia  100
2. Filosofia  1
Elaborado por Vagner Rodolfo da Silva  CRB-8/9410

Todos os direitos reservados à:
Buzz Editora Ltda.
Av. Paulista, 726 – mezanino
CEP: 01310-100 São Paulo, SP
[55 11] 4171 2317
[55 11] 4171 2318
contato@buzzeditora.com.br
www.buzzeditora.com.br

# CORAGEM DE EXISTIR

Matheus Jacob

## MEDO DE VIVER

Para alguns filósofos, a única questão verdadeiramente filosófica é a morte. Todos os nossos demais questionamentos e indagações seriam decorrentes e consequências dela. Para os mais ousados, não somente os nossos medos, mas também os nossos amores, as nossas paixões, as alegrias e tristezas de cada um de nós nasceriam com a consciência da finitude. Com a consciência de nosso esgotamento diante da passagem do tempo. Cada uma de nossas ações refletiria, mesmo que de forma inconsciente, um único impulso. Um único questionamento, capaz de causar e determinar todas as nossas decisões e anseios: *se a vida vale ser vivida ou não*, como nos questionou Albert Camus.

Há, nesses pensadores, uma considerável verdade. Quantas vezes não refletimos sobre a morte? Ela está entre os maiores mistérios da humanidade. Percorre, direta ou indiretamente, os templos e crenças das mais diversas religiões, até os mais animados cafés e debates filosóficos por todo o mundo. Para alguns, a morte não é apenas uma questão filosófica, mas a própria definição de filosofia. *Filosofar é aprender a morrer*. São essas as palavras de Platão, de Cícero e de Montaigne.

A morte é, sem dúvida, um aspecto importante para a *vida digna*. Mas será ela, realmente, a grande condutora de todas as nossas decisões? De todos os nossos questionamentos, paixões e anseios? Para alguns, sim. *Até mesmo a forma de vida mais primitiva luta todos os dias contra o seu fim ou o de sua espécie*, poderiam dizer. É *um instinto de sobrevivência presente em todos os seres vivos e indivíduos, fundamental para o surgimento da consciência*. Esse é, por um lado, um argumento valioso. Porém, o quanto ele é capaz de expressar e representar a nossa totalidade como indivíduos? Para mim, não por completo. O homem não é apenas refém de seus instintos. Há, em nós, uma parte única. Uma parte capaz de nos tornar diferentes dos demais seres, pelo menos até onde conhecemos e compreendemos o universo. Não somos melhores ou piores – não é essa a questão. Mas não podemos negar: *somos diferentes*.

Nós possuímos, além de nossos instintos, outras tantas faculdades. Temos a razão. A sensibilidade. O juízo. Nós possuímos a consciência de nossos afetos, de nossas escolhas, de nossa existência. Temos a arte. O amor. As ciências. Infelizmente, temos também o ódio. As guerras. Tantas formas de violência. São características humanas que estão muito além da simples sobrevivência. Um artista *sobreviveria* sem a sua arte, ainda que a sua vida se tornasse bastante vazia. Povos inteiros não apenas *sobreviveriam* sem guerrear, mas viveriam de forma muito mais plena – e por muito mais tempo. Algo nos leva além da simples sobrevivência ou instinto: nós somos únicos. Únicos pela forma e pela natureza do nosso *ser*.

Até mesmo os nossos questionamentos são únicos a nós mesmos. Humanos, demasiadamente humanos. As demais formas de vida deste planeta não parecem se angustiar com as nossas questões metafísicas, com os nossos questionamentos além do mundo aparente. *Por que existe algo ao invés do nada? Quais são as origens da nossa existência e qual é o seu sentido? Somos livres de verdade ou apenas reféns de uma ilusão de livre arbítrio?* A consciência da morte é, com certeza, uma dessas vastas reflexões. Porém, não é a única. Assim, não deveríamos colocar a compreensão da morte como o objetivo último das nossas decisões ou da própria busca pela sabedoria. Mais ainda, *quantas vezes nós pensamos de forma tão explícita sobre o morrer*? Ou a morte não nos toca apenas quando bastante próxima? Através das tragédias, da perda dos entes queridos ou de um inesperado adoecimento?

Nós não precisamos abandonar os questionamentos sobre a morte ou diminuir a sua importância.

Não é esse o ponto. Nós precisamos compreender o quanto a incerteza sobre a morte não é suficiente para justificar as nossas ações. Os nossos receios. Se tivéssemos o pleno entendimento sobre o que significa morrer, será que nos livraríamos de todos os nossos conflitos e demônios, internos e externos? Será que teríamos por fim conquistado toda a sabedoria, a plenitude e a leveza necessárias para o *bem viver*? Parece que não.

Se a morte representar apenas o *nada*, apenas o vazio e o pleno esgotamento, ainda nos restariam todas as dúvidas desta *vida*. A nossa existência atual – e, nesse cenário, a única existência – não perderia cada uma de suas possibilidades, angústias e prazeres, os seus encontros e desencontros. O *saber morrer* não nos libertaria da responsabilidade de nossas escolhas. Do inesperado. Dos acidentes. Por outro lado, se a morte representar apenas uma passagem para a eternidade, ou para outras vidas, também não escaparíamos dessa mesma condição. Dos mesmos questionamentos. Como viver? Como agir neste mundo diante da possibilidade da eternidade e de suas consequências? O *saber não morrer* também não nos bastaria para *saber viver*.

Só há vida, como conhecemos, porque existe a morte. Ou talvez só exista a morte pelo exato fato de haver a vida. O nascer e florescer de cada indivíduo. Desse ponto de vista, a vida torna-se mais relevante sobre a morte do que a morte é sobre a vida. Heidegger, filósofo alemão, uma vez escreveu: *ninguém pode morrer por mim*. Eu levo além: *ninguém pode viver por mim também*. Aprender a morrer é tudo o que temos para aprender? Longe disso. Nós podemos ir além. Nós podemos transformar essa busca em algo muito mais amplo e profundo, em algo até mesmo mais encantador. É esta a busca pela *vida digna de ser vivida*. Pelo *bem viver*. Assim nós aprendemos a existir. *Assim nós aprendemos a viver.*

O medo da morte é algo inegável. Ao encararmos um abismo, um desastre natural ou uma guerra, sentiremos medo. Deveríamos sentir. É o *medo de morrer*. Alguns de nós, infelizmente, vivem em situações de extrema violência e são constantes reféns desse temor. São aqueles que vivem em condições nas quais muitos de nós não são sequer capazes de imaginar. Há, nessas circunstâncias, um verdadeiro e constante medo da morte, por causas reais e explícitas. Não são demônios imaginários, são demônios existentes. Nós não devemos nunca fechar os olhos para essas atrocidades. Nós devemos sempre agir diante das opressões e injustiças. Ainda assim, a existência desses extremos, em que há o real medo de morrer, não anula ou ameniza o impacto de uma outra angústia existente em nós. Uma angústia capaz de atingir a todos, independente das nossas circunstâncias ou condições. Este livro é sobre este medo. O *medo de viver*.

Afinal, quantos de nós não temem o próprio viver? Quantas vezes os nossos próprios receios sobre a *vida* não são capazes de nos paralisar? Nós trazemos e cultivamos dentro de nós infinitos temores sobre o viver. O medo de escolher. O medo de amar. O medo de falhar diante dos olhos alheios e de sermos imperfeitos até para nós mesmos. Quantas vezes nós não nos perdemos, atormentados por esses pensamentos, e transformando-os em verdadeiras resistências e prisões da nossa existência? Spinoza, filósofo holandês, compreendeu bem essa questão: *A coisa que o homem livre menos pensa é na morte – a sua sabedoria é uma meditação sobre a vida*. Grande parte de seus medos também.

Há algo comum entre todos nós. Uma resistência capaz de nos impedir de agir e de nos fazer duvidar todos os dias de nós mesmos. É esse o nosso *medo de viver*. Um traço comum a todos nós e o ponto de partida deste livro. Para alguns, esse sentimento pode ser algo já evidente. Algo reconhecido e identificado ao longo do nosso cotidiano, mesmo se ainda não formos capazes de superá-lo. Nós o reconhecemos no espelho. Nós sentimos a paralisia que ele nos provoca e as suas consequências. Talvez as circunstâncias de cada indivíduo já o torne mais ou menos resiliente a esses receios. Porém, nós já o conhecemos. Para outros, talvez o *medo de viver* seja um sentimento tão enraizado em suas consciências que quase não o percebem. Transformam esse medo em uma condição presente e passam a considerá-lo o nosso estado *natural*, como se não pudéssemos viver de outra forma. Como se não pudéssemos ser outra coisa senão esse constante sentimento, esse constante estado de medo.

Nós somos muitos. Cada um de nós traz dentro de si uma condição única. Porém, até mesmo as condições mais extremas de existência, nas quais há o *medo de morrer*, não anulam por completo o nosso *medo de viver*. A vida traz na sua própria constituição as mais diversas razões para nossos receios. Nós tememos a liberdade e suas consequências. Nós tememos o inesperado, a imensidão do universo e do tempo e, muitas vezes, nós tememos até a nós mesmos. Não por acaso a morte pode tantas vezes nos parecer serena. Em comparação com a vida, ela representa a ausência de qualquer conflito. *Enfim descansou*, dizemos. *Está finalmente em paz*.

Pelo *medo de viver*, nós morremos aos poucos. Pelo *medo de viver*, nós desperdiçamos o nosso mais valioso presente: *a chance de existir*. Como? Das formas mais variadas possíveis. Nós desistimos do viver de maneiras que muitas vezes sequer percebemos. Infelizmente, algumas formas são mais violentas e explícitas, como o gesto de tirar a própria vida ou aniquilar-se por completo em vícios autodestrutivos. Não podemos deixar de tratar dessas questões, ainda mais diante das angústias existentes em nossos tempos. O mundo pode, muitas vezes, nos parecer cruel demais ou desprovido de qualquer sentido para permanecermos nele. Não podemos fechar os olhos para essa realidade. E devemos sempre nos lembrar: quando uma vida se apaga sem realizar toda a potência do seu *ser*, todos nós perdemos. A humanidade perde. Por essa exata razão, este livro é *um convite à vida*: um caminho para despertar a vontade de viver existente em cada um de nós.

Porém, somos também capazes de desistir da vida das formas mais sutis – tão sutis que sequer percebemos o quanto estão presentes ao nosso redor. É o simples *inexistir*. Uma "existência" marcada apenas pelo medo. São vidas inteiras "preenchidas" somente por ausências, por automatismos e pelo estranho gesto de negarmos a própria existência. É um não viver. São *vidas não vividas*. Quantos de nós não desistem do seu *existir*, do seu verdadeiro querer, sufocados entre tantos receios e sofrimentos, entre tantas angústias e ressentimentos? Quantos de nós "vivem" sem nunca conquistar uma real ousadia de *viver*?

De amar? De estar presente no mundo de forma real e verdadeira, construindo seu próprio *existir*?

As origens desses receios são as mais variadas possíveis. Nestas páginas, falaremos de algumas delas. Da própria *vida*. Da *liberdade*. Do *outro* ao nosso redor. Do *eu*. Do *tempo*. Do *amor* e até mesmo da própria *existência*, para finalmente entendê-la. São esses os pilares de nosso percurso. Não são, é claro, as únicas fontes de nossas angústias. Cada existência é única. Porém, nenhum de nós, apesar das circunstâncias, está isento desses conceitos. Quando compreendidos bem, cada um desses pilares pode nos levar até *a vida digna de ser vivida*. Até o *bem viver*.

Essa é a exata razão para *destacá-los* aqui. Infelizmente, são termos tão comuns em nosso cotidiano que esquecemos de sua importância para nossa existência. Assim, estarão em *itálico*, para nos lembrarmos do quanto são fundamentais, do quanto são valiosos para a nossa sabedoria e para *vivermos* verdadeiramente. Afinal, cada um desses termos é parte de nosso caminho entre o *medo de viver* e a *coragem de existir*. Até a plena expressão do *ser* autêntico presente em cada um de nós.

Nos próximos capítulos, *nós primeiro entenderemos o motivo pelo qual tememos cada um desses pilares*. O medo é o maior inimigo da sabedoria. É a fonte de qualquer escuridão, de qualquer preconceito ou ignorância capaz de causar a destruição dos outros e de si mesmo. O medo é, portanto, o maior inimigo *da vida digna de ser vivida*. Nós sobrevivemos ao medo permanecendo em lugares seguros. Em gaiolas. Porém, nós somente o superamos se conquistamos a coragem de encarar os nossos abismos. Assim, apenas a verdadeira compreensão de cada um desses pilares nos torna conscientes dos nossos medos e capazes de seguir até o instante seguinte.

Após compreendermos nossos medos, nós entenderemos *como agir diante de cada um desses conceitos*. Como superar esses medos para transformá-los em fontes do nosso *corajoso existir*. Se o conhecimento nos mostra nossas sombras é porque também as ilumina. Esse é o caminho para uma existência digna. Quando compreendemos bem os nossos medos, nos tornamos capazes de superá-los. A teoria nos leva a uma nova prática. Uma nova prática nos leva à construção de um novo *ser* – um *ser* presente em cada um de nós.

O *medo de viver* e a *coragem de existir* são expressões bastante próximas. Por quê? Porque, na verdade, elas coexistem. Coragem nunca significou ausência de medo. Medo nunca significou ausência de coragem. *Coragem é a virtude pela qual vencemos os medos, não os excluímos*. Só busca a coragem aquele que sente algum receio. Senão, a própria busca não faria sentido. Por isso, a *coragem de existir* e o *medo de viver* são dois lados de uma única folha. Duas páginas de uma só vida. O que as diferencia? As escolhas que fazemos. Cabe, então, a cada leitor, uma primeira escolha. Uma possibilidade já impressa aqui.

*A escolha de virar a página.*

## A VIDA

Primeiro, a *vida*.

Este não é um livro sobre as origens da vida no universo. É sobre o *viver*. Assim, podemos partir de uma simples constatação, de uma pedra fundamental para todo o nosso percurso: *a vida existe*. Sobre essa verdade, não há dúvidas.

Mas o que é a *vida*? Quais os caminhos para tentarmos explicá-la? São os mais diversos possíveis. Cada um de nós é, de certa forma, uma soma de todas as suas partes. Cada ser vivo. Porém, somos algo além. Somos maiores do que uma simples composição de peças. Não somos uma máquina ou um mecanismo. Por um lado, somos capazes de existir sem alguma parte vital de nosso corpo; por outro, a simples montagem de todas as nossas partes, como um quebra-cabeça, não seria suficiente para nos explicar ou nos substituir. Há uma essência em cada um de nós. Uma centelha capaz de nos permitir nomearmos a nós mesmos como *seres vivos*. Para alguns, essa centelha é um sopro divino, uma alma, um espírito. Para outros, essa centelha é resultado do simples acaso da matéria, um acidente elétrico, uma improvável interação química. São diversas as formas pelas quais podemos explicar ou compreender as origens da vida. Até onde podemos atestar e conhecer, essa origem permanece como uma questão de diferentes crenças possíveis. Porém, apesar de tantas possibilidades e divergências, algo é comum para todas as explicações da nossa existência: nós somos únicos. Não que não existam outros seres, mas o nosso modo de ser – um *ser vivo* – é especial. Em nossos gestos, em nossos traços, nas particularidades de cada indivíduo. Cada um de nós é único em sua existência. Ainda assim, não somos *os* únicos.

Há *vida* por todos os lados. Presente nos mais variados seres e espalhada por toda a natureza. Até mesmo nos lugares mais distantes do universo, aos quais nunca teremos acesso, existem possibilidades de encontrá-la. Provavelmente, em nosso tempo de vida, nós não saberemos. Porém, o universo ao nosso redor, o universo acessível aos nossos olhos, está repleto do *viver*. Para muitos, esta *vida* é o resultado de uma constante tensão. Um constante conflito capaz de originar tudo aquilo que existe. *O conflito é o pai de todas as coisas*, disse Heráclito, ainda na Grécia Antiga. Não por acaso, o filósofo grego elegeu o fogo como o elemento constituinte e primordial de todas as coisas – a *arché*, como o chamavam os gregos, algo próximo do conceito de átomo. Séculos depois, tantos outros o acompanharam. Schopenhauer e Nietzsche, por exemplo, compartilhavam do mesmo pensamento. *A essência do mundo é o sofrimento,* para o primeiro. É a tragédia, para o segundo. A *vida* seria, então, uma consequência desse grande conflito criador, de um constante ciclo de rompimento e de reconstrução. Não praticar essa vontade, não praticar essa constante potência de superação, seria a maneira pela qual abandonaríamos o *viver*.

É uma visão forte. Por sorte, não é a única forma de compreendermos a *vida*. Outros encontraram nas raízes da *vida* um significado distinto: *a união, o ágape, um eterno encantamento*. A mais pura manifestação da liberdade e da beleza criadora, o milagre da *vida*, através da bondade de Deus (ou de deuses) ou até mesmo um milagre sem uma força transcendental originária. É a *vida* como um encantamento colocado diante de nossos olhos e dentro de cada um de nós. É *a potência da união. Da liberdade de criar. Da comunhão*. Há, é claro, o mal. A dor. O sofrimento. Porém, eles não representam a essência ou a constituição do universo em si. O elemento primordial. São apenas desequilíbrios. O paraíso, seja ele real ou utópico, existente ou imaginário, não traria qualquer atrito. Seria livre de conflitos. Para os que acreditam na *vida* como um constante ciclo de união, não praticar esse encantamento seria o caminho para abandonarmos o *viver*.

De um lado, conflito e tensão. Do outro, união e encantamento. São, apesar de opostas, duas formas bastante valiosas de enxergarmos a *vida*, repletas de aprendizado e conhecimento. Então, por que não as unir? Por que não podemos ser capazes de transformar a existência e o *viver* em algo além, encontrando um ponto comum entre esses dois extremos? Se, por um lado, o *conflito* é o pai de todas as coisas, por que o *encantamento* não pode ser a sua contraparte, a sua parcela complementar e necessária?

Assim, o *viver* se transforma em um tênue equilíbrio entre esses instantes. As superações cotidianas de todos os seres ao nosso redor com certeza ilustram bem a tensão existente nas raízes da vida. Uma planta rompe o solo para poder nascer. Porém, é de uma harmoniosa relação com o seu entorno que ela extrairá tudo aquilo que precisa para poder existir. Há *vida* nesses dois caminhos. Há criação. *O confronto entre tese e antítese gera a síntese.* Essa é a força criadora do conflito. *Porém, a união entre dois seres também gera um semelhante.* Essa é a beleza criadora da união. A superação é um *ato poderoso*. Não sou capaz de negar. Porém, o encantamento e a compaixão com certeza também o são.

*Ato*. Talvez seja este o ponto comum entre esses dois extremos. Talvez esta seja a melhor definição sobre o que é a *vida*: *um constante convite ao agir*. Afinal, não há vida ou existência sem verbo. Não há sequer um *viver*. Nós, seres *vivos*, agimos das mais diferentes formas. Nós agimos através da luta, do conflito e da superação, como nos mostrou Heráclito. Mas também agimos através da união, do amar, da comunhão. Nós agimos diante dos nossos medos, da crueldade, do egoísmo, sempre os superando. Porém, agimos também pela admiração, pela consideração e por nos encantarmos com o todo existente. Enxergar na *vida* apenas o puro sofrimento não me parece suficiente. Ainda assim, negar a existência de dores e de conflito, também não parece bastar. Por um lado, corremos o risco de nos tornarmos trágicos demais, niilistas. Por outro, corremos o risco de nos tornarmos ingênuos. A sabedoria não mora em nenhum desses extremos.

Assim, *agimos*. Agimos das mais diversas formas – isso é *viver*. É potência transformada em ato. Cabe, antes de seguirmos, uma valiosa distinção: até mesmo o repouso intencional representa um ato. Não podemos confundi-lo com a total ausência de ação ou com o padecimento. A meditação, por exemplo, representa a busca pela totalidade do vazio, uma comunhão com o todo, um *ser* livre do pensamento, mas não uma subtração de si mesmo. É a serenidade da plenitude, algo bastante distinto e contrário da inexistência. Um dos provérbios de Cato, escritos em latim e de autoria desconhecida, elucida bem essa questão: *jamais se é tão ativo como quando, visto do exterior, aparentemente nada se faz*. Uma aptidão bastante valiosa para os nossos tempos.

O verdadeiro abandono do *viver* é algo distinto. É quando nos paralisamos pelo medo e negamos a existência justamente por temê-la. É o *medo de viver*. Se a vida se torna uma verdadeira *vida* apenas na presença do ato, a negação do *viver* é, portanto, o padecimento: a ausência de qualquer ação, não por uma escolha intencional, mas pela completa falta de coragem ou de força para existirmos. Por nos faltar a coragem necessária para viver. Assim, nos entregamos a uma resistência capaz de nos anular, de nos aprisionar, de nos tornar, até mesmo, inexistentes. São estas as palavras do filósofo francês Émile-Auguste Chartier, conhecido por seu pseudônimo literário Alain. É viver no esforço do *agir, ao invés de padecer*. Podemos ir ainda além. *Viver é o esforço de agir, ao invés de padecer*.

Mas agir em qual direção? Por qual caminho? Afinal, se a *vida* é este convite à ação, qual é o seu sentido? Não somente o seu significado, mas também a sua direção. Afinal, até mesmo o repouso aponta para um fim. Todo ato requer um norte. Qual norte? Essa é uma questão moral e particular a cada um de nós. Não poderia respondê-la nestas páginas. Sequer deveria. Antes de discutir um fim comum, precisamos aprender a caminhar. Antes de debatermos qual é a melhor ação, precisamos compreender a importância do agir. Nossas crenças são individuais. Nossas sociedades e nossos valores não são os mesmos. Até mesmo a forma pela qual compreendemos o sentido da *vida* é única.

Para alguns, a *vida* traz dentro de si um sentido predeterminado: reside em nossa essência, antes mesmo de existirmos. Destino. Propósito. Providência. Uma crença bastante presente em outras crenças maiores e até mesmo diluída em nosso cotidiano. Para esses indivíduos, nossos caminhos e histórias já foram traçados previamente, ainda que por linhas desconhecidas para nós. Cada indivíduo seria uma parte de um grande todo, conhecedor de si mesmo e de seus planos – uma criação já definida. Esse conceito é chamado de *determinismo*.

Para outros, não. Para outros, talvez a *vida* seja desprovida de qualquer sentido, plano ou estrutura prévia. Não somos regidos por um criador ou pelos astros. Somos o puro acaso indeterminado, em um caótico jogo de dados. Para eles, a própria ausência de sentido da *vida* seria a forma pela qual poderíamos significá-la. É o exato oposto de qualquer forma de determinismo. Além dessas, existem outras maneiras de compreender e buscar um sentido para o *viver*, cada uma com suas particularidades. Cabe a cada um de nós respeitá-las. Definir um sentido último e comum a todos nós, uma explicação final para as origens e o sentido da *vida*, seria negar a própria beleza das diferenças.

Assim, a verdadeira sabedoria está na compreensão do *convite ao ato* e no seu acolhimento, apesar dos tantos sentidos possíveis. Afinal, entre todas as incertezas, a *vida* é também permeada de algumas certezas. Entre elas, a certeza de que viver é, até onde conhecemos, algo finito. Neste mundo, o mundo ao nosso redor, onde acordamos, sentimos e respiramos todos os dias, a vida se esgota. A nossa vida. O percurso de cada um de nós contempla infinitas possibilidades e potências. Infinitos arranjos de união e conflito, de alegrias e tristezas. Porém, apesar de toda essa potência, desse finito infinito que existe dentro de cada um de nós, a *vida* traz dentro de si uma urgência. Qual? *A vida não espera*. A vida escoa a cada instante diante de nós. Precisamos ter a urgência de vivê-la. Não é um viver de urgências, uma pressa tola e imatura tão comum em nossos dias e nas rotinas que construímos, em que nos igualamos às máquinas. Não. Nós precisamos de uma urgência de *viver*. Não *podemos mais desperdiçar as nossas vidas diante de tantos medos. Nós não podemos mais desperdiçar a nossa chance de existir entregues aos nossos receios.*

Não há *existência* sem *ato*. Não há o *viver*. Compreender a importância desse convite à ação é o primeiro passo para construirmos a nós mesmos. Se compreendermos a *vida* como ela realmente é, passamos a notar com mais clareza todas as vezes em que não a vivemos. Assim nós abandonamos o padecimento. Quando entendemos o valioso equilíbrio entre a força criadora dos conflitos e a beleza criadora da união, nós fazemos das infinitas potências da *vida* um constante exercício do *agir*. Nós realmente *vivemos*. Somente assim nós encontraremos, mais uma vez, aquilo que nos torna únicos:

A nossa *liberdade*.

## A LIBERDADE

Se há a *vida* e há o *medo de viver*, é preciso também existir um *ser*: *o ser que a vive e a teme*. Mas o que é este *ser*? Essa é uma das grandes questões da filosofia. Obras inteiras foram escritas na tentativa de respondê-la, de Parmênides a Sartre. São tentativas de compreender o *ser* em seus significados mais amplos possíveis, como o todo existente – o universo – até a compreensão de cada uma de suas partes – uma cadeira, uma maçã ou um *ser* mais específico, um *ser* consciente, capaz de refletir sobre si, sobre seu entorno e sobre sua própria existência: *o ser humano*.

Assim como a existência da *vida*, podemos também assumir a seguinte certeza: nós existimos – pelo menos em um sentido literal. Se realmente *existimos*, de forma corajosa, responsáveis por nossos atos e livres de nossos medos, é um questionamento posterior. É o próprio percurso deste livro. Porém, por ora, basta dizer: existimos. Existimos e estamos, enquanto vivos, atrelados por completo ao nosso *ser*. *Um ser individual e consciente de si mesmo*. Neste mundo, como o conhecemos, não somos capazes de abandonar o nosso *ser* – sem abandonarmos nossa existência.

Não conseguiríamos *ser* outro sujeito. Podemos nos transformar. Podemos nos tornar um sujeito distinto em seus gestos e até mesmo quem realmente deveríamos *ser*. Porém, seremos sempre o nosso próprio *ser*.

Um *ser livre*, sem dúvida. Mas um *ser* incapaz de se libertar de sua própria consciência ou de seu próprio corpo. Incapaz de *ser* outro, exceto a si mesmo. Assim, não há razão para questionarmos a certeza de sermos nós mesmos. Podemos, *e devemos sempre*, questionar quem somos, quem desejamos nos tornar e quais são os caminhos necessários para a construção deste próprio *eu*. Deste *eu* desejado e determinado por si mesmo. *Tornar-te quem tu és*, como nos desafiou Nietzsche – mas sem nunca abandonar o nosso próprio *ser*.

Nasce, assim, a maior particularidade da nossa *liberdade*. Uma liberdade consciente, mas incapaz de abandonar sua própria existência. Uma liberdade presa a si mesma. Quais são as origens dessa *liberdade*? Não há uma resposta única. Cada um de nós traz dentro de si diferentes explicações para a mesma pergunta. Assim como é com a *vida*, não há uma única definição sobre onde se origina a nossa *liberdade* – uma diversidade consequente até mesmo do fato de sermos livres. Muitas de nossas crenças sobre a *liberdade* são, inclusive, decorrentes de nossas crenças sobre as origens da *vida*.

Para alguns, mais uma vez, *tudo já está escrito*. É o mesmo *determinismo* apresentado anteriormente. Uma predeterminação comum e presente nas mais diversas filosofias, espiritualidades e misticismos, mesmo quando não notada. É sem dúvida uma crença consoladora. Um caminho para encontrarmos uma razão de ser ou uma justificativa para os mais diversos acontecimentos da vida, sejam eles alegres ou dolorosos. Ainda assim, as implicações últimas dessa crença não são tão consoladoras quanto aparentam. Se tudo já estivesse escrito, se tudo estivesse predeterminado, como seríamos capazes de construir o nosso próprio destino? Até mesmo a palavra *destino* traz dentro de si esta implicação: *uma fatalidade existente da qual nada ou ninguém pode escapar.*

Por outro lado, há de novo a crença no puro *indeterminismo*. Em sua leitura, nós seríamos apenas o acaso de interações da matéria. Nós não comandaríamos o nosso corpo, mas seríamos comandados por ele. Comandados por processos físicos e químicos aleatórios existentes dentro de cada um de nós. Até a nossa consciência e a noção de *liberdade* seriam apenas ilusões, mas nunca o verdadeiro exercício de um livre arbítrio. O fato de acreditarmos nessa ou naquela crença seria ilusório e bastaria uma simples alteração dos nossos corpos para deixarmos de crer.

A *liberdade* sempre conterá, para nós, uma parcela de mistério. A sua origem é inacessível e está muito além de nosso entendimento. Não podemos, porém, na tentativa de explicá-la, anulá-la por completo ou transferir para além de nós mesmos a responsabilidade de nossas escolhas. Respeitar a diversidade de nossas crenças é um gesto admirável. Uma parte fundamental da busca pela sabedoria. Ainda assim, não podemos transferir a uma força maior do universo ou ao puro acaso da matéria cada um de nossos deveres e de nossos atos – algo presente em tantas dessas crenças de forma despercebida. Compreender a *liberdade* é valioso, mas mais valioso ainda é a própria libertação: o pleno exercício de nossa *liberdade* e da potência existente dentro de cada um de nós. Pensar a *liberdade*? Claro. Crer em suas raízes e debatê-las? Também. Mas, antes de tudo, sempre vivê-la.

Assim, se meus atos dependem apenas de mim, seja através do espírito ou da matéria, *não deixo de ser independente*. Se minha consciência é resultante apenas de si mesma, *ela é livre* – mesmo na presença de um inconsciente, de um acaso qualquer ou do sopro divino. Apesar de seus mistérios, o desconhecido existente em cada um de nós ainda assim é nosso. É parte de nosso *ser*. Uma das maneiras mais claras de percebermos o quão livre é nossa consciência está na capacidade que ela possui de angustiar a si mesma, uma condição bastante distante de ser mera ilusão.

Nesse sentido, são inegáveis as palavras de Sartre. Não somos capazes de escapar de nossa *liberdade*, assim como não somos capazes de sermos outra coisa senão nós mesmos. Podemos, é claro, não exercer nossa *liberdade* em sua plenitude, retraídos por medos e anseios. Ainda assim, não deixaríamos de ser *livres*, estaríamos apenas aprisionando a nós mesmos. São estas as conhecidas palavras do filósofo francês: *estamos condenados à liberdade*. Desde nossos primeiros instantes de consciência, o livre arbítrio está presente em cada um de nós. Até mesmo o ato de não escolher é uma escolha, até mesmo o ato de questionarmos a *liberdade* ou entregá-la a outrem – a Deus, ao acaso ou ao universo – é um gesto livre. Sartre foi além: *o homem é liberdade*. Uma *liberdade* parcial. Pela própria condição humana, nós possuímos *limites* – e eles serão um dos mais valiosos conceitos para a nossa *existência*.

Ser livre é, entre tantas definições, não possuir nada determinando a sua forma de ser. É a capacidade de determinar a si mesmo sem ser determinado por nada. Assim, não fica difícil perceber o quanto não somos inteiramente livres – sequer poderíamos. O livre absoluto conteria dentro de si todas as possibilidades. Seria o todo possível, a pura potência. Apesar de nossas diferentes crenças, um exemplo valioso para ilustrarmos essa questão é o conceito de Deus: o divino, nas mais diversas religiões, é a *liberdade* plena e absoluta, livre de qualquer limite físico ou temporal, livre de qualquer barreira ou contorno. Não é preciso ir além para perceber o quanto, nós, como indivíduos, estamos distantes desse conceito. De uma forma bastante simplificada, podemos dizer que a *liberdade* absoluta – ou Deus, por exemplo – é grande demais para este mundo. Ele está além dele.

*Nós somos livres na medida exata para podermos existir*. Os nossos próprios limites garantem a nossa existência. Limites? Sim. Os nossos limites são os contornos sem os quais não poderíamos existir. Eles são necessários para a nossa construção. Na verdade, eles são necessários para a construção de qualquer ser existente. *A nossa existência nesse mundo* só é possível pelo exato fato *de nossa liberdade ser parcial*. Somos, por exemplo, limitados pelo tempo. Não somos capazes de controlá-lo. Não somos capazes de contorná-lo ou de subtrair os seus efeitos – embora tantos tentem. Ainda assim, nós não existiríamos sem ele. Uma verdade também válida para todos os demais contornos fundamentais de nossa existência. O instante histórico e as circunstâncias nas quais nascemos. O nosso corpo, os nossos traços físicos e até os próprios contornos de nossa consciência. Nós podemos, ao longo da vida, explorá-los de maneiras diversas. Porém, não somos capazes de alterá-los por completo. Estão além da nossa *liberdade*. Mais ainda, esses limites são os contornos necessários para a construção de nossa identidade: sou reconhecível por não poder assumir qualquer forma – não apenas reconhecível para os demais, mas também para mim mesmo. O fato de sermos restritos é a maneira pela qual nos reconhecemos todos os dias diante do espelho. É a nossa própria *forma*. Somos e seremos sempre um único *ser*, apesar das nossas transformações.

A *finitude* é, portanto, *uma condição fundamental para a nossa existência*. Tudo aquilo que existe, neste mundo, existe apenas por possuir os seus limites. Uma cadeira é definida pelos seus contornos. Uma árvore, ainda que cresça, é definida pelos seus traços. Assim ocorre também com o homem. Em outras palavras, existimos justamente por não sermos infinitos. Porém, a mesma finitude capaz de garantir nossa existência é também uma das principais fontes de nossos medos. Uma das raízes do nosso *medo de viver*. Somos livres para escolher, mas não somos livres para não escolher. Somos livres para desejar as mais diversas possibilidades, mas não somos capazes de escapar de suas consequências. Cada escolha é incontornável. Ela pode, ao longo do tempo, até ser remediada, corrigida ou transformada em aprendizado, mas nunca será retirada da nossa história. Esta é a nossa condição: nós nos tornamos reféns da nossa própria *liberdade*, condenados a ela – como apontou Sartre. Condenados não apenas pela sua inevitabilidade, mas também por temermos suas consequências.

Quem não sentiria angústia diante de tal condição: das urgências e da brevidade da *vida*, agora acrescidas de todas as responsabilidades, implicações e fatalidades de sermos *livres*? Assim, por temermos nossa própria *liberdade*, nós nos aprisionamos ainda mais. São palavras de Dostoiévski: *os homens dizem amar a liberdade, mas, de posse dela, são tomados por um grande medo e fogem para abrigos seguros. A liberdade dá medo. Os homens são pássaros que amam o voo, mas têm medo dos abismos. Por isso o abandonam e se trancam em gaiolas*. Assim, nós renunciamos à nossa própria *liberdade*. Assim, nós abdicamos dela das mais diversas maneiras. Porém, todas elas trazem dentro de si um traço comum: a sombra e o risco das gaiolas. O *padecimento* e a chance de nos transformarmos apenas em ausências, no abandono de nossos verdadeiros sonhos.

Por temerem a *liberdade*, muitos se entregam por completo às vontades primitivas. Tais vontades são somente anseios, preenchidos por qualquer prazer momentâneo que os anestesie. São vícios, compulsões, prazeres e distrações efêmeras. Não são o nosso verdadeiro *querer*, como nos ensinou Aristóteles. Outros, por sua vez, tentam reprimir por completo qualquer desejo ou vontade, tornando-se ascéticos. Ambos os caminhos são, de certa forma, uma negação da *liberdade*: seja pelo excesso e pelo total descontrole de si ou pela ausência de qualquer desejo próprio.

As formas pelas quais nos aprisionarmos são diversas e vão muito além dos vícios ou do ascetismo. Alguns buscam as grades do comum, do ordinário, das massas. Esses, sem perceber, somente repetem os gestos alheios, para não precisarem escolher, para não exercerem a sua *liberdade*. De certa forma, eles a delegam a outros e, neste exato instante, ela deixa de ser *livre*. Outros confundem a *liberdade* com a ausência de qualquer construção. Na incessante busca pelo novo, pela mudança, não são capazes de trazer qualquer continuidade para a sua existência.

Pelo medo da finitude, nós nos tornamos *inexistentes* das mais variadas maneiras. Pela falta ou pelo excesso. Pela segurança ou pela constante agitação. Reféns desses comportamentos, nós não nos tornamos capazes de construir qualquer contorno, exceto os contornos desse próprio aprisionamento. Quantas vezes, pelo *medo de viver*, nós não nos tornamos em nossa maior prisão?

Este é o nosso *medo da liberdade*. Nós somos apenas capazes de vencê-lo através da verdadeira compreensão daquilo que ser *livre* significa. Da sua inevitável relação com a finitude e com a capacidade de cada um de nós de construir a si mesmo. Aristóteles talvez seja o filósofo que melhor compreendeu o exercício da *liberdade: livre é o indivíduo capaz de deliberar sobre os seus desejos e transformar a sua potência em ato*. Os nossos atos nos levam além. São esses os traços que constroem os nossos verdadeiros contornos, a nossa forma autêntica. Nós somos parcialmente livres exatamente por possuirmos limites. *Porém, são esses limites, esses traços, os caminhos pelos quais podemos exercer nossa liberdade em sua plena potência.*

Se os contornos são necessários para a nossa existência, *a forma de vida mais plena* é aquela capaz de se *autodeterminar*, fazendo de cada escolha um ato contínuo. Nossas condições são sempre particulares e podemos ser mais ou menos livres dependendo da nossa situação individual. Das oportunidades, da sociedade, dos instantes nos quais vivemos. Nós não podemos escapar das circunstâncias ao nosso redor. Porém, mesmo sob as condições mais restritas, cada um de nós é, ainda assim, *livre* para decidir o que deseja *ser*. *Livre* para transformar cada uma de suas possibilidades e de seus verdadeiros desejos em um *agir*. É a escolha de sermos livres dentro das possibilidades de nossas próprias liberdades individuais.

Em outras palavras, *liberdade* é a capacidade de desenhar os seus próprios contornos, determinando-se do interior para o exterior. Nós vencemos os nossos receios e tudo o que nos oprime de fora para dentro: sendo capazes de construirmos a nossa própria forma. Essa é, por exemplo, a diferença entre os contornos de um círculo e os contornos de um quadrado. As linhas do círculo parecem nascer de uma vontade própria, sempre determinadas e definidas a partir de seu centro. É como o gesto de desenhar a si mesmo, como uma vontade capaz de determinar a sua própria forma. As linhas do quadrado, por sua vez, parecem sempre interrompidas por algo além, por uma barreira ou força externa capaz de impor a cada uma de suas retas um inevitável desvio. Quantas vezes nós não nos deixamos limitar pelo que nos rodeia? Quantas vezes nós realmente nos construímos a partir de dentro?

Cada um de nós é, dentro de suas possibilidades, criador de si mesmo. Cada um de nós é, dentro de seus direitos e deveres, responsável pela sua própria construção. Exceto, é claro, quando cedemos os nossos contornos aos contornos do *medo*. Vale então repensarmos a condição proposta por Sartre: *condenados à liberdade?* Tudo bem. Mas precisamos ser eternos reféns dessa angústia ou podemos nos tornar mestres do nosso próprio querer? *Liberdade* é a capacidade de escolher os seus fins e manter-se fiel a eles. Afinal, também não é *livre* aquele que obedece a si mesmo? *Nossos contornos não são apenas compatíveis com nossa liberdade. São a sua própria definição.* Os nossos limites, quando autodeterminados, são a pura manifestação de nosso *ser*. De um ser *livre e verdadeiro.*

Cada vez mais, nós lutamos – e com razão – pelos direitos à *liberdade*. Porém, quantas vezes não nos esquecemos das responsabilidades e do quanto a *liberdade* nos exige? Ser *livre* requer uma fidelidade a si mesmo. Um compromisso com a sua própria existência e uma coragem de escolher e construir os seus próprios limites. Os seus próprios contornos. Em última instância, é preciso amar a nossa finitude. A finitude que escolhemos *ser*. Como escreveu André Gorz, filósofo austro-francês: *é preciso aceitar ser finito. Estar aqui e em nenhum outro lugar, fazer isto e não outra coisa. É preciso ter apenas esta vida.*

Qual vida? Aquela que elegemos.

Nós não podemos existir somente enquanto potências, sem nunca transformá-las em ato. Porém, também não podemos existir sem transformar os nossos atos em um verdadeiro contorno, capazes de nos mantermos fiéis às nossas escolhas. Limitar-se parece pouco? Apenas para aquele que é incapaz de construir a si mesmo. Nós podemos ser muitos, não precisamos nos restringir a uma única face. Só não podemos não *ser*. Podemos ter diversos traços, não há mal algum em sermos plurais. Porém, ainda assim, precisamos saber quais faces escolher.

Cabe a cada um de nós construir o seu próprio indivíduo. Cabe a cada um de nós o direito e o dever de eleger os contornos dignos de sua vontade e manter-se fiel a eles. Só não podemos não escolher. Por temermos a finitude, muitas vezes não nos tornamos nada. Por temermos os nossos próprios limites, muitas vezes sequer *existimos*.

Portanto, construa o seu próprio *ser*. Torne-se o autor de sua própria forma e de seus contornos, transformando toda a sua potência em ato. A nossa *liberdade* só será verdadeiramente *livre* se determinada por nós mesmos, não mais pelos nossos receios. As nossas escolhas serão sempre individuais – como deveriam ser –, mas o caminhar é o mesmo: reconheça o valor da finitude. Reconheça o valor dos limites e de nossos traços para uma verdadeira *existência*.

Faça-se finito. *Torna-te quem tu és*. Depois, faça-se infinito dentro desse próprio *ser*.

## O OUTRO

A *liberdade* é então suficiente? Nunca. A *liberdade* é necessária, é o nosso ponto de origem: a singularidade de nossa existência. Porém, precisamos ir além. *Nenhum homem é uma ilha*, escreveu o poeta inglês John Donne – nós não nos bastamos. Aliás, sequer deveríamos desejar que nos bastássemos. A nossa existência, além de não ser possível sem tudo o que nos rodeia, seria também incompleta. Quantas experiências não perderíamos sem o *outro* ao nosso redor? Posso, dentro das possibilidades de uma *liberdade* parcial, desenhar os meus próprios contornos. Posso, de maneira um pouco mais ampla, ser mestre do meu próprio *querer*. Ainda assim, dependo de cada *outro* ao meu redor para existir por completo e exercer minha *liberdade*. Há um diálogo necessário para a construção de si mesmo, uma relação com um *outro ser* qualquer. Como *viver a união* sem ter algo ou alguém a quem se unir? Como *viver o conflito* de Heráclito se não houver um obstáculo a ser superado?

O *outro* é fundamental até para reconhecermos a nossa identidade. A noção de um *eu* surge com a noção de um *não eu:* sou capaz de me reconhecer justamente por saber também tudo aquilo que não sou. Nós descobrimos e compreendemos os nossos limites ao mesmo tempo que descobrimos e compreendemos os limites de tudo aquilo que nos rodeia. Os limites do *outro.* Desde os primeiros instantes de consciência, uma criança aprende através do *outro* tudo aquilo que está *além do seu controle,* seja um objeto ou um sujeito, sejam os dedos carinhosos de uma mãe ou a quina de uma mesa, por exemplo. Assim, nós, pouco a pouco, compreendemos os nossos traços, os contornos de nosso corpo e até mesmo a estrutura de nossa consciência: esses são os limites do nosso *ser*.

Portanto, a nossa *liberdade* só é possível por existirem *outros seres* ao nosso redor. A mesma condição que a torna parcial, também a fundamenta. Sou *livre* para existir neste mundo porque há um chão para me sustentar. Sou capaz de me reconhecer no espelho todos os dias por saber não ser o reflexo no qual apareço – esse já é para mim, de certa forma, um *outro*. Em filosofia, chamamos a existência do *outro* de *alteridade* – em latim, *alter* significa *outro*. A *alteridade* fundamenta o nosso *existir*: cada *outro* não é somente relevante para a nossa construção, é também essencial.

Quantos dos nossos medos não nascem dessa condição? Quantas vezes a *alteridade* não é a razão do nosso *medo de viver*? Há em nós o *medo do outro*. O *outro* é para nós sempre um desconhecido ou, pelo menos, um parcialmente desconhecido. A sua existência escapa ao nosso controle. Mesmo quando conhecemos bem algo – ou alguém –, ainda assim, não temos a plena certeza de como podem agir ou se comportar, de como podem reagir diante de cada um de nossos próprios gestos. Podemos compreender seus riscos e efeitos, como compreendemos por exemplo a *lei da gravidade*; podemos conhecer todas as suas consequências, como acontece com o *tempo*, ainda assim, não conseguimos controlá-los ou evitá-los. A *gravidade* e o *tempo* são *alteridades* para nós. São *outros*. E como toda e qualquer *alteridade* estão além do nosso controle.

Para alguns, há a crença de que o pensamento seria capaz de construir, *por si só*, a realidade. Como se o simples desejo fosse suficiente para moldar o universo ao nosso redor. Esta é, também, uma crença bastante consoladora. Uma forma de tentarmos anular a força opressora da *alteridade*. Afinal, com a nossa imaginação, com o nosso desejo, nós podemos construir qualquer cenário possível. Podemos aspirar o mais belo amor, livre de qualquer atrito, e as mais gloriosas conquistas e felicidades. Nossa imaginação é, com certeza, uma das mais belas faculdades humanas. Porém, basta olharmos ao nosso redor para percebermos o quanto certas questões nos escapam e estão muito além do nosso controle e desejo. Nossas crenças são valiosas, porém elas somente tocam e transformam o universo através de nossas ações – e essas, sem exceção, sempre encontrarão alguma reação. Alguma *alteridade*.

Nesse sentido, a realidade está além do pensamento. A realidade já é, para nós, uma *alteridade*. Nós com certeza a moldamos através de nossos atos, porém não a controlamos por completo e é esse o fato que confere, aos demais *indivíduos*, a sua própria *liberdade*. Se conseguíssemos construir o universo pelo simples gesto de nosso querer, precisaríamos aceitar a ausência de *outros seres livres*. Se a *alteridade* não estivesse além do nosso controle, não seria uma *alteridade*, seria apenas uma extensão de nós mesmos. Somos, decerto, parte do universo. Ainda assim, não podemos ser ingênuos ou egocêntricos acerca da nossa relação com o universo. A imaginação é mais sábia – e mais poderosa – quando toca a realidade. Sonhar um amor sem atritos? Parece ilusório demais. É mais valioso vivê-lo, apesar de seus possíveis conflitos.

Nós dependemos do *outro* para existir. Ainda assim, a *alteridade* é por vezes dura demais. O próprio acaso pode se tornar violento. Quantas vezes o inesperado não nos atinge sem ao menos entendermos as suas razões? Uma doença. Um acidente. Uma tragédia. Até mesmo o fato de nascermos quando e onde nascemos já é, para nós, um *outro* – escapa ao nosso controle. O fato de sermos quem somos, e não um *outro* indivíduo qualquer, é também uma *alteridade*, capaz de definir grande parte da nossa existência. Se nascêssemos segundos depois, quão diferentes não seriam as nossas vidas? Seríamos os mesmos, com os mesmos traços, as mesmas particularidades e os mesmos desejos? Impossível dizer.

Cada um dos *seres* existentes ao nosso redor nos afeta de maneiras distintas. Eles trazem, por suas características específicas, consequências únicas para a nossa existência. O *tempo*, por exemplo, age constantemente sobre todos nós: é uma *alteridade* para todos os *seres* deste mundo. Assim como cada espécie animal encontrará, em seus predadores, uma *alteridade* específica. Cada *alteridade* é única, das mais universais até as mais particulares de nosso cotidiano. Entre todas elas, há uma bastante especial, talvez a mais relevante para nós, seres humanos: a *alteridade* de vivermos entre nós mesmos.

Nós vivemos em sociedade. Salvo certas exceções, que não imagino lendo este livro, ninguém exercita o *viver* de forma inteiramente isolada. Nós saímos todos os dias às ruas. Convivemos entre *seres* com complexidades equivalentes às nossas.

Nós amamos e guerreamos. Nós nos entendemos e nos desentendemos. Somos fontes de prazer e de dor. Nós nos apaixonamos, construímos histórias e dividimos com tantos *outros* ao nosso redor cada momento de nossa existência. Infelizmente, nós também os perdemos e nos perdemos por esses caminhos. São *seres* que agem e reagem com níveis de incerteza tão mais elevados e em relações tão mais complexas do que as leis da matéria e da natureza. Não à toa, as ciências físicas são bem mais precisas do que as ciências humanas.

Ainda assim, apesar de suas incertezas, esses *outros seres* constituem as *alteridades* mais relevantes de nossa existência. Nós não *existimos* sozinhos. Podemos amar a natureza, um animal, um ofício. Podemos amar essa ou aquela arte, esse ou aquele sabor, os dias mais ou menos tranquilos. Porém, como seres humanos, nós tocamos a existência de *outros* a cada instante, assim como esses tocam a nossa. São as mais variadas possibilidades de encontros e desencontros, prazeres e dores, alegrias e tristezas. São infinitas possibilidades, muito além da nossa compreensão.

As *alteridades* tornam a nossa *liberdade* mais possível? Sem dúvida. Porém, quantas vezes elas não tornam também a *vida* mais angustiante? É como se cada uma de nossas escolhas e cada uma de suas consequências fossem ampliadas através do *outro*, como se os nossos gestos e atos ecoassem muito além. Nós nos sentimos sempre observados por uma lente de aumento, diante do peso dos olhos alheios e de seus julgamentos: é o peso da humanidade sobre cada um de nós.

São as palavras de Rousseau: *O homem nasce livre e por toda a parte encontra-se acorrentado.* Nós sentimos e sabemos o quanto a *alteridade* humana pode ser mais amedrontadora para nós do que qualquer outro objeto ao nosso redor. Estamos e nos sentimos em constante julgamento: um julgar não apenas em seu sentido pejorativo, mas a própria capacidade humana de produzir juízos, raciocínios, opiniões e conceitos. Cada um de nós está a todo instante compreendendo e julgando os fatos que acontecem ao nosso redor – uma capacidade fundamental até mesmo para permanecermos vivos. O juízo é inclusive uma característica humana da qual não conseguimos escapar. Não apenas o nosso juízo próprio, mas também o juízo alheio.

Essa percepção já é, por si só, suficiente para nos paralisar. Não controlamos nenhuma *alteridade* ao nosso redor, porém, a *alteridade* humana está muito além. Nós não somente não a controlamos, como nos sentimos constantes reféns de seus julgamentos e de suas consequências. O *outro* passa a ser, para nós, uma constante fonte de medo, uma resistência capaz de nos impedir de *viver*. Alguns, pelos mais variados motivos, serão menos afetados por receios. Já enxergarão as *alteridades* com maior leveza. Outros, não. Para outros, essa *alteridade* será uma constante prisão de nossos gestos, de nosso jeito de agir, de nós mesmos.

A força de nossos medos depende dos diferentes traços de cada um, das diferentes experiências e características responsáveis pela nossa constituição como indivíduos. Porém, em algum aspecto, todos nós somos afetados por essa incerteza. Tememos falhar. Tememos fracassar. Temos não corresponder às expectativas ou à "perfeição" alheia. Temos tanto que, algumas vezes, *inexistimos*.

Assim, passamos a nos fechar. Passamos a nos isolar e a desejar apenas a nós mesmos. Pelo medo do desconhecido, pelo medo da *alteridade* e da força do *outro*, nós nos isolamos e nos tornamos solitários. Nós nos transformamos em nossas próprias ilhas e gaiolas. É valioso, aqui, perceber uma distinção: a solidão do medo não é o gesto maduro de desejar a sua própria companhia por alguns instantes. São coisas distintas. O nome do prazeroso e saudável convívio com o seu próprio ser é outro: é a chamada *solitude*. A solidão de desejar somente a si mesmo por medo é, ao contrário, um sentimento muitas vezes involuntário, mesmo quando aparenta ser uma escolha própria. Esse isolamento não é causado por nós mesmos. Essa *solidão* não é nossa, ela pertence aos nossos medos.

Uma parte de nosso *ser* será sempre inacessível. Não apenas para os demais, mas também para nós mesmos. Uma solidão natural, causada pelos limites da linguagem e da consciência. Porém, a solidão originária do *medo do outro* é muito mais grave. É o completo isolamento de qualquer experiência humana e de qualquer *alteridade*, quando nos tornarmos incapazes de notar algo além de nós mesmos – é a solidão de Narciso, incapaz de enxergar *outro*, exceto a si mesmo. Nessa solidão, transformamos o universo ao nosso redor em um espelho: estamos a todo instante, através do olhar do *outro*, enxergando somente a nós mesmos. Não reconhecemos mais na *alteridade* um *convite à vida*, mas apenas nossos receios, nossos erros e acertos e o quanto somos e seremos julgados. Nesses cenários, tudo ao nosso redor perde o seu valor próprio, o seu significado. Assim nasce a depressão, por exemplo. A depressão é, do ponto de vista filosófico, um esquecimento do mundo ao nosso redor: o sujeito deprimido só é capaz de lembrar de si mesmo. Não é um *lembrar-se de si* positivo, mas uma incapacidade de notar, de perceber ou de amar qualquer *alteridade* ao seu redor. Não é o *cuidar de si* de Foucault. É o engaiolar-se.

As *alteridades* existem e não devemos nunca negá-las. Ainda assim, como não temer o *outro*, diante da sua capacidade de nos afetar e da total ausência de controle que temos sobre ele? Através da sabedoria. Precisamos compreender o *outro* como um caminho para o *bem viver* e transformar as *alteridades* em fundamentos da nossa existência. Essa compreensão nasce de uma única verdade, de uma única percepção capaz de nos mostrar como podemos entender toda e qualquer *alteridade* ao nosso redor, em uma condição de igualdade com nós mesmos. Uma verdade fundamental para qualquer relação: *nós existimos com o outro, mas não para o outro*.

Não é uma relação de dependência, no sentido restrito do termo, é uma relação de mútua possibilidade. Nós precisamos conviver *com* as *alteridades*. Nós precisamos reconhecer o seu valor para existirmos, mas também precisamos reconhecer a sua própria limitação. Se nossa *liberdade* dependesse por completo do *outro*, ela sequer seria nossa liberdade. Ainda assim, quantas vezes não a entregamos por completo diante de nossos receios? Se nossa existência for sempre voltada para o *outro*, sempre entregue aos demais, nós nunca *existiremos*. Por outro lado, enquanto *existirmos*, a existência das *alte-*

*ridades* também estará dada, como fundamento, e também possibilitada pela nossa própria existência. Uma condição de igualdade essencial para construirmos qualquer sabedoria sobre o *bem viver*. Se a *vida* é, para nós, encantamento e superação, nós precisamos do *outro* para percorrer esses caminhos. Assim como o *outro* também precisa de cada um de nós. *Mais uma vez, é viver com o outro, ao invés de viver para o outro.*

Nós somos tão grandes quanto as *alteridades* encontradas pelo caminho. Nós somos tão grandes quanto é a síntese e a união que somos capazes de promover. Não há artista sem a *alteridade* de sua obra. Não há ciência sem o objeto de seu estudo, o objeto de seu conhecimento. Como viver as belezas da paternidade e da maternidade sem a existência de um filho? Como amar e desejar o bem senão através do bem querer de *alguém*? Mais ainda, como superar qualquer obstáculo e construir a si mesmo senão pelo confronto e pelo enfrentamento das mais diversas *alteridades* impostas pelo próprio *viver*? Não há *vida* sem comunhão, não há *vida* sem síntese. Porém, sem um *outro*, nenhuma delas existiria. Não há *vida digna de ser vivida* sem *alteridade*.

O *outro* ao nosso redor é parte fundamental da nossa *coragem de existir*. Nós precisamos abandonar os receios da *alteridade*. A humanidade pode parecer opressora demais diante da nossa individualidade? Sem dúvida. Tantas vezes nós nos sentiremos sozinhos. Isolados. Reprimidos. Porém, talvez seja esse o exato caminho para encontrarmos a sabedoria necessária para o *bem viver*: *nos olharmos menos como indivíduos, nos olharmos menos como Narcisos e deixarmos de enxergar todos ao nosso redor como um espelho.* Todos nós somos iguais. Todos nós sentimos esse mesmo medo e é esse o sentimento que tanto nos aproxima. É esse o caminho para uma *existência digna*.

*Só existe um outro por existir cada um de nós e eu só existo enquanto sou capaz de existir com o outro.*

*Nenhum homem é uma ilha.* Mas talvez seja esse o sentimento que tanto nos aproxima.

# O EU

*Eu é um outro*. As palavras do poeta francês Rimbaud podem parecer estranhas. Afinal, nós sabemos quem somos. Se a *alteridade* é tudo ao meu redor, como o próprio *eu* poderia ser um *outro* para mim? Como o próprio *eu* poderia ser uma forma de *alteridade*? Apesar de sua aparente contradição, essa não é uma questão tão complexa assim. Nós tratamos da nossa *liberdade* e de suas angústias. Nós tratamos do *outro* e de suas incertezas. Porém, quantas vezes o nosso próprio *eu* não é, para nós, também uma fonte de receios? Quantas vezes o nosso próprio *eu* não é uma das mais fortes razões para o nosso *medo de viver*?

Se a *vida* é o constante equilíbrio entre união e tensão, pelo exato fato de estarmos *vivos*, nós também carregamos dentro de nós cada uma dessas forças: paz e perturbação, serenidade e turbulência. Assim, nós construímos o nosso *ser*: um único *eu* muitas vezes capaz de se contradizer e de ser a própria razão de suas angústias. A forma pela qual percebemos o mundo ao nosso redor é sempre através dos olhos do nosso próprio *ser*. Essa é, por exemplo, a maneira pela qual exageramos o valor das *alteridades* e o peso dos olhos alheios sobre nós. Nós sentimos o universo e todos os seus fenômenos à nossa volta sempre através do *eu*.

A *alteridade* é essencial para nossa existência, uma vez que nós não existiríamos sem o *outro*. Porém, nós sempre a enxergaremos com nossos próprios olhos – através dos olhos de dentro. Qualquer *alteridade* ao nosso redor é sempre notada através do próprio sujeito e de sua interioridade. De certa forma, nós sempre julgaremos os juízos alheios. Nós sempre enxergaremos a percepção do *outro* através da nossa própria. Assim, deveríamos nos questionar: *quantas vezes o nosso medo do outro não é, na verdade, causado por nós mesmos*?

A *alteridade* é, com certeza, rígida. Diminuir a sua importância seria não apenas uma ingenuidade, mas também uma inconsequência capaz de colocar em risco nossa existência. Porém, quantos de nossos receios sobre o *viver* não são somente imaginários? É a história de Bucéfalo, o cavalo de Alexandre, o Grande. Um cavalo incapaz de estar em paz, por sentir-se sempre amedrontado e ameaçado pela sua própria sombra. Será que cada *ser* ao nosso redor realmente nos julga com a mesma intensidade com a qual nos julgamos? Ou não estariam todos igualmente absorvidos dentro de sua própria consciência, ameaçados por suas próprias sombras e distraídos demais para nos notarem com tanta atenção quanto imaginamos? Nós vivemos em sociedade. Seremos, em diversos momentos, alvo dos juízos alheios. Porém, quantas vezes não exageramos o peso desses olhos sobre nós? Quantas vezes não exageramos a importância de nossas escolhas para a humanidade?

*Há dentro de cada um de* nós *um constante crítico de si mesmo*: um *outro ser* dentro desse próprio *ser*, como apontou Rimbaud. Não é uma *alteridade* no sentido restrito do termo, afinal somos também esse indivíduo. Nossas angústias e incertezas, nossas turbulências e até mesmo nosso inconsciente são partes de nosso sujeito. Porém, muitas vezes, esses sentimentos nos afetam como se estivessem além do nosso controle – e muitas vezes estarão. É como se cada uma de nossas escolhas e gestos, cada *outro* ao nosso redor, fosse capaz de nos oprimir muito além de seu verdadeiro poder. Nosso imaginário faz dessas sombras demônios internos. Não são demônios existentes na *alteridade* – são demônios somente nossos. Nós somos esses medos. É, para nós, um *medo do eu*.

Não há nesses receios certo exagero? Uma constante sensação de insuficiência, porém, causada por um importar-se em demasia consigo e até mesmo pela ausência de certa modéstia? Nós tememos não ser suficientes para o *outro* e para a *existência* porque no fundo nós tememos não ser suficientes para nós mesmos, para os critérios que nós mesmos elegemos. Assim, nós nos transformamos nos piores olhos alheios. Esta é, sem dúvida, uma situação contraditória. Por um lado, há uma aparente preocupação, um receio de não ser perfeito. Por outro, há certo egocentrismo, um esperar em demasia de si mesmo.

O *cuidar de si* é, com certeza, um aspecto valioso para o *bem viver*. É a preocupação genuína e o zelo pelo nosso próprio *ser*, um amor pelo nosso próprio sujeito, essencial para nossa felicidade e sobrevivência. Nós somos os responsáveis por nossa *liberdade* e por nossas escolhas. Nós somos os responsáveis por qualquer relação com a *alteridade*. Devemos *cuidar* de nós mesmos. É o amor próprio – quando compreendido de forma verdadeira. Porém, quantas vezes não transformamos esse *cuidar de si* em uma preocupação exagerada, em algo além de um cuidado, capaz de nos fazer sentir sempre inferiores? Essa é a nossa contradição. Essas são as angústias do *eu*. Porém, são principalmente angústias de um ego. O *conheça-te a ti mesmo,* de Delfos, está bastante distante dessa condição egocêntrica.

Assim, o *cuidar de si* é um tênue equilíbrio – como todo amor o é. É um equilíbrio entre não se envaidecer, mas também não se depreciar. Nós não podemos desvirtuar a nossa importância e cair em uma dessas contradições. Para Aristóteles, toda virtude é um meio entre dois vícios. A virtude do amor próprio é, portanto, o equilíbrio em que reconhecemos a nossa justa importância. Cada um de nós é responsável pela sua própria existência, porém, essa responsabilidade, essa construção de si mesmo, não significa colocar-se em um pedestal. Ela também não pode significar, por outro lado, um excesso de críticas e um aprisionamento do próprio *eu*. Afinal, a condenação é, na maioria das vezes, um orgulho excessivo de si. Não é o orgulho em seu sentido positivo, sinônimo de honra, é uma vaidade. É, na verdade, a vaidade das vaidades, a inesgotável busca pela perfeição e o espelho de Narciso. Nós não deveríamos desejar o lugar dos deuses. Se nenhum homem é uma ilha, também não é um monumento.

É a distinção entre o *ser* e o *aparentar* de Rousseau, entre o real e as aparências de Platão. Enquanto nos julgarmos pelos olhos da exterioridade, ainda que estes estejam dentro de nós mesmos, nós seremos sempre reféns das imagens. Das aparências. Nós precisamos abandonar a caverna, as sombras, e compreender o *eu* em sua totalidade. Compreender a realidade dentro de cada um de nós e a nossa verdadeira relevância. Senão, estaremos sempre acorrentados por esses demônios imaginários, pela constante opressão dessas sombras sobre cada um de nós. Sombras criadas pelo próprio paradoxo de sermos insuficientes diante de nossos olhos egocêntricos.

Se, por um lado, nós distorcemos o peso e o valor das *alteridades*, quantas vezes não fazemos algo semelhante com nós mesmos? Nós precisamos compreender o valor do *eu*, como o fizemos com o *outro*, para aceitar a igualdade entre todos os *seres*. Somente a verdadeira compreensão de quem somos e da real dimensão de nosso *eu* é capaz de nos levar além desse medo, de nos levar além das angústias trazidas ao mundo por nós mesmos. Esta é a sabedoria do *cuidar de si*: ser capaz de enxergar, ao mesmo tempo, o equilíbrio entre a nossa existência e a existência ao nosso entorno.

*O outro é fundamental para existirmos, mas nunca será, para nós, uma completa fonte de contentamento.* Um contentar-se com nossa própria existência deverá vir, antes de tudo, de nós mesmos. Nós não deveríamos esperar do mundo o nosso completo preenchimento. Assim como não podemos distorcer o valor do *eu* para o *outro*, não podemos distorcer o valor de cada *alteridade* para esse *eu*. Esperar que aqueles ao nosso redor sejam uma constante fonte de felicidade seria uma forma bastante egoísta de tratarmos a existência dos demais. Os *outros* merecem sua felicidade também. A sua existência *livre*. Cada um de nós é um universo para si mesmo. Ainda que o *outro* toque nossas vidas a todo instante, ele não é instrumento de nosso *viver*.

Precisamos reconhecer a nossa condição como *ser* e compreender a medida de nossa importância. Não estamos além de nenhum *outro*. Também não estamos aquém. Esse é o caminho para o verdadeiro conhecimento de si. Para o *conhece-te a ti mesmo*. Só assim aceitaremos ser imperfeitos e abandonaremos as aparências. Há demônios lá fora? Não sou capaz de dizer. Mas, com certeza, existem demônios dentro de nós mesmos. Sombras imaginárias, capazes de nos angustiar a todo tempo.

Por nos considerarmos além, não nos tornamos tudo aquilo que poderíamos *ser*. Por nos considerarmos aquém, muitas vezes sequer nos permitimos.

Conhecer a si mesmo é deixar de se julgar pelos olhos alheios. Conhecer a si mesmo é deixar de se julgar pelos olhos de dentro.

Quem realmente se conhece, já sabe o *eu* que é.

## O TEMPO

Para alguns, existir é estar no *tempo*. Para outros, o *tempo* é somente uma ilusão. É de Santo Agostinho uma das mais belas e conhecidas definições: *o que é o tempo? Se ninguém me perguntar, eu sei. Se quiser explicar a quem me fizer a pergunta, já não sei mais*. Uma subjetividade humana ou presente em todo o universo? Real ou imaginário? Por ora, pouco importa. Os questionamentos sobre o *tempo* são infinitos e misteriosos. Porém, neste instante, nos valem mais suas consequências do que suas origens. O *tempo* é uma condição inevitável de nossa existência.

*Passado, presente, futuro*: assim é, para nós, o viver. *Só existe o presente*, como desejou Cícero? Impossível concordar. *Viver no agora*, como afirmam as mais diversas espiritualidades e filosofias? Também não. As suas intenções são até mesmo nobres, mas sua praticidade é ilusória. Talvez o *passado* não exista. Talvez o *futuro* também não. Ainda assim, quanto não somos afetados por cada um deles no instante *presente*, de forma bastante real e verdadeira? O *tempo* também é, para nós, uma *alteridade*, enquanto *passado* e *futuro*. Cada um deles pode não existir nesse exato instante, porém, não deixam de nos afetar, de definir e restringir parte dos contornos de nossa existência. Nós não somos capazes de controlá-los. Não escapamos de seus efeitos. Inexistentes? Difícil de acreditar. Suas consequências são bastante *presentes*.

O *passado* está escrito. O *futuro* é incerto. Ambos, porém, residem em cada um de nós, como história ou possibilidade. Como rigidez ou potência. Assim, são partes fundamentais das raízes de nossos receios: há, em nós, o *medo do tempo*. Angústias sobre o que já existiu e ansiedades sobre tudo o que ainda está por vir. Não se importar por completo com o *passado*? Esquecê-lo em sua totalidade? Impossível. Esqueceríamos até de nós mesmos. Desapegar-se por completo do futuro? Não construir nenhuma continuidade através do *tempo*? Inconsequência. Não seríamos nada além de instantes descontínuos, de atos dispersos e impotentes. O privilégio da atemporalidade está reservado somente aos deuses. Eles sim podem não se importar. A verdadeira sabedoria humana está em *existir* no tempo – *não em ignorá-lo*.

É valioso, com certeza, nos desligarmos da temporalidade em alguns momentos. Sermos capazes de viver o *presente* em sua plenitude, através do amor, do prazer, da meditação e da atenção plena ao instante corrente – *ser* uma totalidade com o *presente*. Porém, nós não podemos negar eternamente o *tempo*. Ele sempre nos encontrará. Devemos então *viver o presente*, algo bastante distinto de *viver no presente*. Não somente viver o *presente*, mas também *viver o passado e o futuro* – nunca apenas um deles. É *existir* em toda a duração e potência da temporalidade, ao contrário de residir em um único instante do tempo. Em todas as suas direções. Tanto o sábio quanto o inconsequente sabem desfrutar do *agora*. Tanto o sábio quanto o nostálgico sabem relembrar os *momentos passados*. Tanto o sábio quanto o ansioso sabem encarar o *futuro*. Porém, ao contrário dos demais, o sábio sempre sabe quando deixar de fazê-lo.

Nós sentimos e estamos no *tempo*. Ele age sobre nós a cada instante, apesar das tentativas de refreá-lo. *Um homem não é capaz de se banhar no mesmo rio duas vezes*, nos disse Heráclito. Com o passar do *tempo*, já serão diferentes instantes do mesmo rio e do mesmo homem, diferentes *seres* dentro de um mesmo *ser*. É o princípio do *tao* para o oriente. É o *devir* para o ocidente. Um constante vir a ser. Uma constante transformação. Nós dependemos do *tempo* não somente para existir, mas também para nos construirmos. Para *existir*. Não há outra forma de imprimir os nossos contornos, de transformar as nossas escolhas em atos contínuos, senão pelo *tempo*. Não é essa a própria busca do *viver*? A própria definição de *liberdade*? Como encontrar a *vida digna* renunciando a temporalidade? Impossível. Ela existe para nós – a todo *tempo*.

O *passado* é inflexível. Uma lembrança, como tantos dizem? Que seja. Porém, uma lembrança inalterável, sempre inscrita no *tempo*. Ainda que a reinterpretemos, não somos capazes de alterá-la. Somente alteramos nossa relação com a mesma. Assim, o *passado* carrega dentro de si cada uma de nossas escolhas e suas consequências. Uma rigidez constante sobre nossos gestos, sobre nossas alegrias e tristezas, nossos erros e acertos. *Nós fizemos o que fizemos. Nós não fizemos tudo o que não fizemos.* Uma condição da qual não conseguimos escapar. Como não sentir receio diante dessa rigidez? Como, sem abandonar a razão, não temer a concretude do *passado*? Todo e qualquer erro sempre estará presente em nossa história. Cada dor. Cada desencontro. Cada sofrimento. Mais ainda, como transformar o *passado* em uma razão de nossa existência, diante de sua severidade? Esse é um questionamento essencial para a sabedoria da *vida digna*. Afinal, apesar de nunca sermos capazes de reviver o *passado*, algo é certo: ele nunca nos abandonará.

Se o medo é o maior inimigo do saber, somente a real compreensão do *tempo* nos torna capazes de não mais temê-lo – e até mesmo apreciá-lo como fundamento de nosso *existir*. Nós apenas existimos no *presente* por termos existido no *passado*. Assim, nós construímos qualquer relação com o *outro* e qualquer contorno do *eu*. Sem o *passado*, não haveria a própria noção de identidade ou o exercício de nossa *liberdade*. Somos apenas um acúmulo de instantes até o momento presente? Não. Enquanto estivermos vivos, existirão dentro de nós infinitas potências. Porém, elas só *existirão*, no sentido real do termo, quando concretizadas. Quando transformadas em ato – e, portanto, em *passado*. O *presente* é valioso, o *futuro* é possibilidade. Porém, quando deixarmos de existir neste mundo, não nos restará nada além da essência de nossa existência. Nada além de todo o nosso *passado*, registrado em cada uma de nossas escolhas e ações.

Se o *passado* é imutável, a maneira pela qual nos relacionamos com ele está longe de ser. *Cada um de nós pode encarar o tempo de duas formas bastante distintas.* Há os que encaram o passado apenas como fonte de arrependimento. Como um constante arrepender-se pelo feito, pelo não feito e por tudo aquilo que foi feito com cada um de nós. Esses indivíduos transformam o *passado* apenas em ressentimento: é a chamada *lamentação*. Com ela, trazemos para o presente todos as angústias, todos os erros e injustiças que recaíram sobre nós. Ou, pelo menos, trazemos um lamento nostálgico por não vivermos mais naqueles momento. É *viver no passado*, ao invés de *viver o passado*. É trazer o *passado* para o instante atual e sobrepô-lo ao *presente*. Esses lamentos já são velhos conhecidos nossos: *se tudo tivesse sido diferente, como eu gostaria de ainda estar lá,* entre tantos outros. São apenas lamentos cegos. Na verdade, não poderia ter sido diferente daquilo que foi. Na verdade, não podemos estar lá novamente. Foi como foi. Estamos onde estamos.

Assim, a *lamentação* não nos leva a lugar algum, exceto ao medo e ao ressentimento. O caminho para transformarmos o *passado* em uma fonte de coragem, em um prazer pela nossa existência, está em outra direção, está em uma outra forma de tocarmos cada uma dessas lembranças no instante *presente*. Lamentar e ressentir? Não. É preciso a*madurecer e alegrar-se pelo vivido*. Precisamos construir dentro de nós a maturidade necessária para compreender o *passado* como uma fonte de aprendizado e de gratidão. Não há outro percurso para a construção de si mesmo e para o *bem viver*. Não há *vida digna de ser vivida* sem uma *vida vivida*.

Esse amadurecimento não significa um constante relembrar de todas as nossas histórias. Algumas dores e tristezas devem ser superadas e até esquecidas, como sugeriu Nietzsche como fonte de felicidade. Quem suportaria sentir todas as nossas dores passadas a todo instante? Impossível. Porém, o simples esquecimento não é suficiente para que desapareçam os fatos. Eles nunca deixarão de existir. *O esquecimento, ainda que valioso, não nos isenta da maturidade.* Se, por um lado, não podemos esquecer o *passado*, também não podemos esquecer que já não somos mais quem éramos naquele instante. Somos a mesma consciência? Inegável. Porém, são instantes distintos dentro do próprio *ser*. Já não somos mais o mesmo rio de antes: essa é a maturidade necessária para olharmos os nossos erros com mais compaixão e como uma fonte de aprendizados, não de lamentos.

Assim, para transformar nossa existência em sabedoria, a maturidade é essencial. Mas por que não ir além? Por que não enxergar no *passado* até mesmo certo prazer? Não é o ressentimento ou a nostalgia: é o *contentamento*. Uma agradecida lembrança por cada uma de nossas transformações e experiências. Um apreço pelo *passado* por conter, em seu interior, todas as raízes do nosso *ser* presente. Todas as condições fundantes da nossa existência. É essa a base para o nosso verdadeiro *existir*. Como tornar-se algo se renunciássemos tudo aquilo que já fomos um dia? Como apreciar o *presente* se negássemos toda lembrança capaz de nos tornar quem somos? No *passado* estão apoiados até mesmo os nossos afetos e o nosso conhecimento, todas as condições de nosso *presente* e todas as potências de nosso *futuro*. Não há ato contínuo sem atos passados. Não há o verdadeiro *querer* ou a construção de si sem o todo *vivido*. Sem o *passado*, não existiria sequer o amanhã.

O *futuro*, por outro lado, é para nós pura incerteza. Contempla, em si mesmo, até a possibilidade última do não existir. Que garantias possuímos? Nenhuma. O que há depois? Impossível afirmar. Neste mundo, nesta *vida*, o *futuro* um dia se encerrará para nós. Um dia, esse *futuro* deixará de existir. Enquanto o *passado* nos amedronta por ser rígido demais, o *futuro* nos angustia por não ser nada além de incertezas, uma estranha névoa repleta de possibilidades ainda desconhecidas. *Tudo está escrito*? Uma questão de crença. Ainda assim, se estivesse, não seríamos capazes de conhecê-lo antes de vivenciá-lo. Nós só descobriríamos essas linhas tortas no instante *presente*. O *futuro* é e sempre será, para nós, um desconhecido. Não é a angústia da impossibilidade, como faz o *passado* com a sua rigidez da qual não escapamos. É o seu exato oposto: a angústia do *futuro* é a angústia das possibilidades. É o *anseio*.

Se as escolhas do passado são *imutáveis*, as possibilidades do *futuro* são livres de qualquer contorno. Podem até trazer certa sensação de previsibilidade, uma crença na continuidade de nossa existência e de algumas certezas. O sol nascerá amanhã? É bem provável. Porém, não existem garantias certas. Se o *passado* nos aprisiona por o conhecermos demais, o *futuro* nos paralisa por o conhecermos de menos. Nós somos reféns de um *passado* escrito em pedra e de um *futuro* nunca escrito. Assim como o inalterável ontem nos angustia, a folha em branco do amanhã também o faz.

Como fazemos com o *passado*, nós podemos nos relacionar com o *futuro* de diferentes formas. Um caminho bastante comum é negarmos a sua potência. É, novamente, o gesto de viver apenas *no presente*, de fecharmos os olhos diante das possibilidades e de qualquer continuidade. Porém, como construir qualquer contorno agindo dessa forma? Impossível. Uma outra maneira pela qual podemos nos relacionar com o amanhã é vivendo apenas nele. *Viver no futuro*, ao invés de *viver o futuro*. É a *ansiedade*. Se viver no presente representa a *inconsequência* e *viver no passado* representa a *lamentação*, *viver no futuro* representa, apenas, *anseios*.

Enquanto o *lamento* é a angústia pelo existente, a *ansiedade* é a angústia pelo inexistente. Não é o genuíno *querer* de uma construção própria, mas uma perversa e constante preocupação com o amanhã, capaz de anular as alegrias presentes e qualquer planejamento. Assim como transformamos o *passado* em sofrimento através do ressentimento, nós transformamos o *futuro* em angústia através da *ansiedade*. É o medo de errar, o medo de acertar e não ser capaz de lidar com as consequências desse acerto, o medo das incertezas e, até mesmo, o simples medo de sentir medo.

Enquanto somos capazes de reconhecer o *passado* e nossa história diante do espelho, não possuímos qualquer noção de como será o amanhã. Nós conhecemos por fotos o rosto de nossa infância, porém, quem é capaz de reconhecer os traços de sua velhice antes de alcançá-la? O *futuro* se espalha dentro de nós como uma névoa, como um medo incontrolável e livre de qualquer contorno. O *passado*, mesmo quando doloroso, é conhecido para nós. Nós os reconhecemos e, assim, o transformamos em aprendizado e contentamento. O *futuro* é desforme. É a atordoamento de encararmos o abismo e não enxergarmos o seu fundo, como colocou o filósofo dinamarquês Kierkegaard.

Como encontrar o *bem viver* e a coragem para a *vida digna* diante desse desconhecido? O *futuro* já não traz mais as certezas da *vida vivida*. Como vencer essa resistência, essa paralisia das incertezas? Pela compreensão de sua importância para o nosso *existir*. O *ser* é uma constante construção, a nossa *liberdade* só é possível quando transformada em uma forma autodeterminada, através de cada uma de nossas escolhas e atos contínuos. *Afinal, o homem é o que o homem faz*. Nós somos, principalmente, a continuidade de nossos gestos. Porém, como agir sem olhar o amanhã – ou, pelo menos, o instante seguinte? Como construir a si mesmo sem qualquer apontamento? Esse é o valor da *intenção*.

A *intenção é o espelho da maturidade*. Se vencemos o *lamento* pelo *amadurecimento*, nós vencemos os *anseios* através da *intenção*. Não há *ser* instantâneo, não há forma sem uma constante fidelidade aos nossos desejos. Até mesmo nossos afetos dependem de um contínuo de instantes, por mais breves e mínimos que eles sejam. Não conseguimos desfrutar de algo sem se dirigir ao mesmo. Como agir apenas no *presente*, se cada instante já nos abandona? Como agir no *presente*, se cada verbo já demanda um próximo momento? O verdadeiro querer, a verdadeira *intenção*, é o caminho pelo qual nós transformamos o *futuro* em um ato contínuo e nos tornamos responsáveis pela nossa própria *existência*. Apenas assim fazemos das incertezas de cada possibilidade uma felicidade. Apenas assim encontramos o prazer de construir a si mesmo. Não por acaso a *intenção* está presente nos mais diversos manuais de conhecimento. *Planos, hábitos, metas, objetivos,* são todos uma forma da *intenção*. Até mesmo nossas noções éticas, os mandamentos religiosos e nossas condutas pautadas pela ciência apontam para o porvir, para o nosso próximo gesto ou ato. São, em sua maioria, inclinações ao agir. *Amar ao próximo. Alimentar-se melhor. Exercitar-se.* Nossa construção aponta para o amanhã.

Assim, nós vencemos o *medo do tempo*. Assim, nós vencemos mais uma das raízes do nosso *medo de viver*. Sem renunciarmos ao *passado*, sem renunciarmos ao *presente*, mas também sendo capazes de *viver o futuro* intencionalmente. Se há uma *vida digna de ser vivida*, o *futuro* é o caminho para *vivê-la*. Nós não podemos conhecer o *futuro* repleto de incertezas. Porém, podemos nos levar até lá.

Faça de seu *passado* um contentamento e um aprendizado. Faça de seu *futuro* um verdadeiro querer e uma intenção. Nossa *liberdade* passa por todos os instantes da existência: *viver o presente, viver o passado, viver o futuro*, mas nunca viver apenas em um deles. A eternidade não está além de nós ou reservada aos deuses. A eternidade está na capacidade de nos tornarmos um só *ser* com o *tempo*, livres das lamentações e dos nossos anseios.

*Lamentar menos, esperar menos e amar mais,* como nos pediu o filósofo francês André Comte-Sponville? Com certeza.

Porém, podemos ir além: *podemos nos alegrar mais, desejar mais e amar toda nossa existência.*

## O AMOR

*A vida digna de ser vivida.* Somos capazes de encontrá-la sem antes amá-la? Somos capazes do pleno exercício de nossa *liberdade*, do encantamento ou da superação das *alteridades*, do *contentamento com o passado* e a *intenção pelo futuro*, sem antes amarmos esse percurso? Sem amarmos o próprio *viver*? Mais ainda, como poderíamos construir a *si mesmo* sem amar quem somos? Não há o verdadeiro *existir* se não houver o *amor* pela existência. Nós apenas conquistaremos essa coragem se formos capazes de nos tornarmos um só *ser* com a *vida* e com todas as suas faces. E não é esta a própria definição de *amor*: uma perfeita união?

Entre as possíveis formas de definir o que é o *amor*, talvez esta seja a mais simples e ao mesmo tempo a mais concreta: a união entre distintos *seres*. Se notarmos bem, é inclusive o nosso exato percurso até o momento: *uma união com a vida e com todas as direções nas quais desejamos existir*. É a capacidade de tornar-se uma unidade com o *outro* ou com uma *alteridade* qualquer, sem perdermos a condição de igualdade entre eles e o *eu*.

É a beleza de tornar-se um só *ser* com a sua própria *liberdade*, com o *tempo* e todas as faces do nosso *existir*.

Assim nós nos entregamos à *existência*. Posso, através do amor romântico, me tornar uma só unidade com o *ser* amado: é o conhecido *eros*. Posso, por amor à arte, à ciência ou às amizades, estar em união com tantos *outros seres* ao meu redor: é a virtuosa *philia*. Mais ainda, posso, através da fé, da compaixão ou da meditação, ser uma perfeita unidade com a natureza, o universo e todos os *seres* existentes, sem qualquer exceção: é a ágape, o presente divino. O amor é inclusive a pedra fundamental deste livro: a filosofia, conhecida também como o *amor* à *sabedoria*. Sem a perfeita união entre o conhecimento e o *ser*, não há *vida digna de ser vivida*.

Se o *amor* é, portanto, essa condição de pura igualdade, podemos extrair dessa verdade uma consequência valiosa para a nossa *existência*: só existe comunhão se não houver qualquer submissão ou opressão. É um perfeito equilíbrio. Amamos – *de verdade* – quando compreendemos não estar aquém ou além do *ser* amado. Vale para a nossa relação com o próprio *eu*, quando não nos depreciamos e também não nos envaidecemos. Vale para o *outro*, quando respeitamos a sua existência e somos capazes de existir com eles. Vale para o *tempo*, quando aprendemos a viver todas as suas fases. Vale até para a *liberdade*, quando a amamos e nos tornamos capazes de construir a nós mesmos. Nós não podemos ser submissos a nenhum desses pilares e seus possíveis medos. Ainda assim, não podemos ignorá-los ou extingui-los. Precisamos encontrar a plena *existência* com todas essas formas de *ser* que nos rodeiam. Não podemos aprisioná-las, mas também não podemos nos entregar a elas até o ponto onde deixaríamos de existir. Senão, essa própria entrega já não seria *amor*.

    A arte é um exemplo valioso. Quantos artistas não se envaidecem, acreditando serem maiores do que a própria arte? Há *amor* nesse gesto? Há o devido respeito? Por outro lado, quantos artistas não se anulam por completo em nome da arte e se destroem, perdendo até mesmo a sua identidade, a sua sanidade e os afetos da *vida*? Se algo nos corrói por inteiro e nos exige demais, poderíamos chamá-lo de *amor*? O verdadeiro artista – *aquele que ama a arte* – está sempre em perfeita união com ela. Em comunhão, sem nunca anular sua identidade, sem nunca oprimir o objeto amado. Essa mesma verdade vale para todas as demais possibilidades e potências da nossa *existência*. Vale para o *eros* e o amor entre casais, vale para o *philia* e o amor entre amigos, vale para a ágape e o amor por qualquer *ser* existente.

O *amor* é, portanto, não uma dependência, mas uma independência compartilhada. A sua ausência pode, sem dúvida, nos entristecer. Porém, a sua presença estará sempre livre de qualquer dominação ou de qualquer cega submissão. Vejo o *outro* como um *ser* tão digno de sua existência quanto *eu* sou da minha. Vejo o *outro* como um *ser* digno de sua *liberdade* e da capacidade de construir os seus próprios contornos, como *eu* o sou. Assim, neste exato equilíbrio, nesta exata condição de igualdade, o *amor* é também a mais pura vulnerabilidade. Adorno, filósofo alemão, definiu bem essa questão: *amar é ser capaz de mostrar as suas fraquezas, sem que o outro se sirva dela para afirmar as suas forças.*

Diante disso, quanto o *amor* não nos pode parecer amedrontador? Entre as raízes de nosso *medo de viver*, quantas não nascem pelo exato fato de amarmos a *vida*, sabendo de sua finitude e delicadeza? Quantos dos nossos medos não nascem por amarmos a nós mesmos e por amarmos *outros seres* ao nosso redor – sabendo de nossa fragilidade? O *amor* nos deixa expostos. Vulneráveis, por essa condição de igualdade e comunhão. É o *medo do amor*. Ser infeliz no *amor* com certeza é mais doloroso do que a infelicidade na sua ausência. Quão mais opressora não é a guerra, a miséria, as injustiças quando atingem nossos seres amados?

Por essa exata razão, talvez o *amor a todos* seja inclusive o caminho para encerrarmos essas violências. *Um amor à humanidade e à existência.*

Uma vulnerabilidade universal, mas também presente em nosso cotidiano individual. Ser desprezado pelo *outro*, quando o amamos, sem dúvida nos faz sofrer mais do que uma rejeição sem importância. Frustrar-se na profissão amada é com certeza mais doloroso do que fracassar em um ofício qualquer. Quantos de nós não abandonam as suas paixões e sonhos justamente por temê-los? Quantos de nós já não deixaram de realizar algo justamente por amarem aquela exata possibilidade e pelo medo de sofrer com o seu fracasso ou ausência? Onde há *amor*, há espaço para *sofrimento*. Por sorte. Quão real seria o *amor* de um pai se não temesse perder os seus filhos? Quão real seria o *amor* pela nossa própria existência se não temêssemos desperdiçá-la?

Infelizmente, não acertaremos sempre. Muitas vezes, nós mostraremos as nossas fraquezas para o mundo e nos tornaremos reféns de suas consequências. Nem todos são como Adorno. Muitos reafirmarão suas forças através de nossos receios. Assim, as incertezas da *vida*, a incapacidade de controlarmos as *alteridades* ao nosso redor e a própria condição de vulnerabilidade do *amor* representam, para nós, uma exposição inevitável: é a amplitude do voo –

como afirmou Dostoiévski. Talvez o *amor à existência* seja o voo mais amplo possível. A comunhão com os mais diversos caminhos e o abandono de todas as gaiolas e prisões.

Diante de um voo de tamanha magnitude, como não sentir *medo*? Qual a sabedoria necessária para sermos capazes de superar o *medo de amar*? Nós precisamos sempre nos lembrar: *esse exato medo nos aponta uma direção certa*. Quando seguir um caminho nos amedronta muito mais do que qualquer outro, talvez esse caminho seja a mais valiosa indicação de nosso real desejo. Assim, o *amor* é fundamental para construirmos nossa existência e enxergarmos as direções de nossa *intenção*. Da nossa *liberdade*. Do *outro* ao qual devemos nos dirigir. O *amor* é fundamental para compreendermos melhor quais são os verdadeiros *contornos* que desejamos construir. O sofrimento diante do *amor* pode ser maior do que em sua ausência, porém, a nossa existência só é mais digna quando realmente *amamos*. Quando encontramos a coragem necessária para *existir*. *Amar a vida* é a própria resposta para a pergunta de Albert Camus, a resposta para o marco inicial deste livro: *a vida vale ser vivida pela capacidade que tenho de amá-la*.

Esse é o valor da filosofia. Do *amor* à sabedoria. É a *capacidade de saber amar a vida enquanto ela for amável e de saber amar a si mesmo quando a vida se tornar rígida demais*. Amar os seus próprios *limites e contornos*. Amar cada uma de nossas escolhas dispostas no *tempo*. Amar o *outro* e, quando não puder amá-lo, amar a sua chance de existência. O *amor* está além do simples gesto de aceitarmos o *convite à vida*. O *amor* já é a perfeita união entre o *ser* e o *agir*. Nós não desejamos um caminho porque ele nos parece bom. Um caminho nos parece bom porque nós o desejamos. Porque nós *amamos* de forma verdadeira todas as possibilidades existentes em seu percurso. Assim, nós nos construímos e nos tornamos capazes de encontrar *a vida digna de ser vivida*. Assim nós *existimos*. Ame a sua existência e, quando não for capaz de amá-la, ame a sabedoria necessária para reencontrar esse sentimento dentro si.

*Amor ao destino*, como proclamou Nietzsche. *Amor ao próximo*, como nos desejou Cristo. *Amor a si mesmo*, como confessou Rousseau.

Mas, principalmente, *amor ao existir*.

## A EXISTÊNCIA

Mas o que é *existir*?

Afinal, tudo o que existe, existe. Assim, já poderíamos, tendo compreendido o *medo de viver*, seguir o caminho para uma *vida digna de ser vivida*. Assim, já poderíamos fazer de nossa existência, um existir. Porém, podemos ir além.

*Viver* e *existir* são, de certa forma, sinônimos. Há, entretanto, uma razão fundamental para separá-los nestas páginas. Uma razão para contrapormos o *medo de viver* à *coragem de existir* – e enfim, entendermos o valor de uma verdadeira *existência*. Se tomarmos o universo como existente, por exemplo, podemos facilmente concluir que nem tudo aquilo que existe, vive. Uma cadeira. Uma rocha. Este livro. A sua existência é inquestionável. A sua ausência de vida também. Por outro lado, tudo aquilo que vive, existe. Uma árvore. Um animal. Cada um de nós. São constatações evidentes: a existência parece sempre fundamentar a vida, e a vida é, de certa forma, um aspecto possível ou não da existência.

O *existir* é, portanto, dado. Porém, se pensarmos na amplitude e nas potências de nosso *ser*, em todas as possibilidades que poderíamos inserir no mundo, podemos dizer que realmente *existimos*? Podemos encarar a nossa existência e atestar, sem dúvidas, o quanto, além de vivermos, somos capazes de inserir no *tempo* toda a nossa *liberdade* e *vontade de viver*? Talvez não. Quantos de nós têm a coragem necessária para se tornar parte deste universo com toda a sua potência? Quantos de nós têm a coragem necessária para não se tornar reféns do *medo*, das angústias e conquistar um verdadeiro *existir*? Vivemos? Vivemos. Mas quantas vezes inserimos todo nosso *ser* nessa existência, sem desperdiçá-lo? Menos do que poderíamos. Essa é a razão para irmos além de nosso *medo de viver*. Essa é razão para conquistarmos a *coragem de existir*.

A existência é, também, uma das grandes questões da filosofia. Por qual razão as coisas existem e qual é a origem do universo – do *cosmos*, como diriam os gregos? Essa é, até o momento, uma pergunta além da nossa experiência, da nossa compreensão direta e acessível. Acaso ou criação divina? A ciência nos leva até certo ponto. Porém, o que encontraríamos antes desse instante inicial? Deus? O nada? Ambos em uma estranha harmonia? Na filosofia, essas questões são chamadas de *cosmologia* – o estudo das condições de possibilidade e de existência do universo.

Talvez nunca encontremos uma resposta definitiva. Talvez as origens do universo sejam grandes demais para a nossa compreensão – pelo menos do ponto de vista da razão. Torna-se, assim, uma questão de crença. Porém, a impossibilidade de uma resposta não extingue o valor da reflexão. Há algo essencial em pensarmos o universo e sua origem, buscando uma compreensão maior do todo existente. Algo capaz de transformar a nossa existência individual em um verdadeiro *existir*: *cada um de nós é um universo em si mesmo, pelo exato fato de sermos uma parte do universo inteiro. Somos, para nós mesmos, um absoluto de construção e criação.*

Nós existimos como a totalidade existe. Como o *todo* existe. Somos reflexo de sua materialidade, de sua rigidez e concretude, mas também de sua criação e de suas potências. Se o estudo da existência universal é a *cosmologia*, podemos encontrar uma *cosmologia do indivíduo*. Uma *cosmologia do nosso ser*. Nós somos reflexos do *cosmos*, seus princípios também estão dentro de nós. Assim compreenderam os gregos e outros diversos filósofos desde então – Aristóteles. Spinoza. Schelling. Há, entre muitos deles, uma visão bastante valiosa sobre a origem do universo. Uma visão capaz de nos fazer refletir sobre a nossa existência como indivíduos – independentemente de quais sejam as nossas crenças.

Para esses filósofos, *a existência é o perfeito equilíbrio entre ordem e caos*. Há, no todo existente, uma ordenação. Um princípio de inteligência, de aquisição de hábitos, de construção de contornos: é a *ordem*. Há também, um princípio de acaso, de espontaneidade, de criação de novas potências: é o *caos*. Sem essas duas forças, nada existiria. Sem essas duas forças, nós também não *existimos*.

*Ordem*, para os gregos, era a própria definição do *cosmos*. Ou seja, do universo como o conhecemos. Um princípio de harmonia e de organização capaz de gerar uma distribuição perfeita e equilibrada do mundo natural e do todo existente. Porém, a sua origem é o *caos*. Desde Hesíodo, autor da primeira *cosmologia* grega, já compreendíamos essa verdade: *primeiro, nasceu o caos* – foram essas as suas palavras. *Caos* é a força criadora, pura potência e possibilidade, livre de qualquer forma ou contorno. Um conceito difícil de imaginarmos, porque a nossa própria consciência já traz dentro de si certa ordenação. Porém, um conceito presente dentro de nós e valioso para o nosso verdadeiro *existir*.

A compreensão do universo como um equilíbrio entre *ordem* e *caos* nos faz compreender também um caminho pelo qual podemos construir nossa própria *existência digna*. Um caminho para transformarmos cada um dos pilares dessa nossa busca em fontes do *existir*. A *vida*, a *liberdade*, as *alteridades*, o *eu*, o *tempo* e o *amor* dependem dessas duas faces constituintes do universo para a construção de uma *vida digna de ser vivida*. Enquanto a *ordem* traz para o universo e para cada um de nós os fundamentos necessários para a continuidade da existência, para o ato contínuo, o *caos* é a fonte de toda criação e espontaneidade. Porém, ambas se necessitam. Não há tradição sem qualquer criação. Não há criação sem os fundamentos sólidos de uma antiga tradição.

Tudo aquilo que existe apenas existe por possuir uma parcela de *ordem* e uma parcela de *caos*. O incondicionado, aquele que desconhece qualquer forma, precisa condicionar-se. Precisa aceitar ser finito para poder continuar criando a si mesmo. A nossa *liberdade* traz dentro de si um *querer* espontâneo, independente, criador. Porém, precisamos construir os nossos contornos para transformar essa *liberdade* em algo real. Para transformar as possibilidades do nosso *ser* em algo concreto no *tempo*. Uma força não existe sem a outra. São coexistentes: a pura ordenação ou o puro *caos* são, por si, incapazes de *existir*. Na pura ordenação não existiria nenhuma criação – e, portanto, não existiria nada. Na pura criação não existiria nenhuma continuidade – e nada seria possível também. Uma verdade presente em tudo ao nosso redor, em cada átomo, em cada objeto, em cada animal – todo o universo segue esses princípios: o princípio da espontaneidade e da inteligência, o princípio do *caos* e do acaso, essencial para a criação e para a *liberdade*, e o princípio da *ordem*, do hábito, essencial para tornarmos essa *liberdade* existente no *tempo*.

Há uma *ordem* necessária para a construção de nosso *ser*: se fôssemos puramente caóticos, sequer nos reconheceríamos. *Puro caos é nada*, afirma o filósofo americano Charles S. Peirce. Porém, o *caos* é também imprescindível para podermos *existir*. Não somos e tampouco deveríamos desejar ser pura *ordem*. Nos transformaríamos somente em máquinas, precisos como um relógio, mas sem qualquer centelha de *vida* ou de criação. É preciso ter um caos dentro de si para dar luz *a uma estrela cintilante*, disse Nietzsche. Ainda assim, suas próprias palavras o denunciam: precisamos também da gestação.

Como aprenderíamos com os nossos erros se não conseguíssemos romper antigos hábitos? Por outro lado, como transformaríamos esses aprendizados em um amadurecimento se não fôssemos capazes de construir novos hábitos, persistentes no *tempo*? Hábitos são valiosos. Não é o uso do termo hábito em seu sentido mais cotidiano, da automatização ou do mito de Sísifo, condenado a carregar sua pedra todos os dias até o alto de um morro. É o hábito de uma verdadeira construção: é o *livre hábito* – capaz de definir e construir a si mesmo. É a maestria de si de Aristóteles, não a condenação de Sartre. As forças de nossas potências nascem do espontâneo e por essa exata razão as chamamos de potências. Porém, precisamos materializá-las e torná-las *existentes*. Caso contrário, permaneceriam somente no campo das possibilidades, nunca existentes. São, novamente, as palavras de André Gorz: é *preciso aceitar ser finito. É preciso ter esta vida e não aquela*.

Nós não escapamos dessa condição de ordenação: a existência de qualquer rotina já é uma *ordem*. Até a tentativa de viver um cotidiano caótico é em si uma rotina. *A rotina de ser caótico*. Por outro lado, toda a nossa *liberdade* nasce de um princípio de *caos*. As nossas paixões e desejos, os nossos amores e ódios – sempre inexplicáveis. Nascem espontâneos, sem nenhuma regra ou causalidade: *são porque são, nada além disso* – nas palavras de Montaigne. Se não podemos escapar dessa condição, se não podemos escapar desses dois princípios, a sabedoria estará naquilo que fazemos deles. Na capacidade de vencermos o *medo da existência* e conquistarmos esse equilíbrio. Enquanto muitos de nós temem a *ordem*, tantos outros temem o *caos*.

Enquanto muitos de nós desejam ser apenas caóticos, outros buscam a perfeita ordenação. Ambos sequer notam as consequências desses extremos.

Assim como o *caos* originou o *cosmos*, nós também precisamos *construir uma existência digna*. Para isso, não podemos abandonar a inteligência, a ordenação, o hábito. Nós somente *existimos de forma plena* se formos capazes de transformar nossa *liberdade* em um ato contínuo, fiéis a nós mesmos. Porém, não podemos fazer desses atos uma escravidão. Esse é o caminho para nos tornamos verdadeiramente *livres*. Esse é o caminho para transformarmos nossas crenças, nossas vontades e nossos afetos em um verdadeiro *existir*. Nós somos nossa própria *ordem* e nosso próprio *caos*. Nós somos nossos acasos e nossos hábitos, nossa *liberdade* e nossos *contornos*.

É, mais uma vez, a *liberdade* de determinar a si mesmo. Agora, vamos levá-la além. Agora, compreendemos a verdadeira natureza do *ser* e a *cosmologia da nossa própria existência*. Nossos afetos são valiosos? Com certeza. Não devemos extinguir o inesperado da *vida*. A espontaneidade das alegrias e das tristezas. Porém, são os nossos hábitos os responsáveis pelas condições para vivermos cada um desses sentimentos. A rotina é tediosa? Apenas para aqueles incapazes de construir a sua própria *exis-*

*tência*. O acaso é angustiante? Apenas para aqueles incapazes de compreender a sua beleza.

Cabe a cada um de nós escolher os hábitos que deseja construir. Cabe a cada um de nós medir as suas vontades e assim compreender o caminho para a construção de sua verdadeira *existência*. Porém, podemos manter dentro de cada um de nós sempre acesa uma única certeza: *nunca padecermos*. Tanto o novo quanto o rotineiro muitas vezes nos amedrontam. Ao contrário de atingir um equilíbrio, nós muitas vezes atingimos um estranho limbo. Um estranho desequilíbrio entre *ordem* e *caos*. Nele, construímos apenas o hábito de permanecermos sempre reféns de novas desculpas e ausências. Nele, nós apenas sobrevivemos e não nos tornamos tudo o que poderíamos *ser*.

A virtude da *existência* é conquistada no *agir* – nunca no padecimento. Nós só nos tornamos virtuosos quando somos capazes de transformar toda a potência de nosso *ser* em ato. Porém, quantas vezes realmente a construímos? Nós desejamos a eternidade, mas sequer somos capazes de *existir* no instante presente. Nós desejamos a eternidade, mas sequer somos capazes de construir a nossa própria *existência*. Qual caminho eleger? Cabe a cada um de nós escolher um para si. O valioso é compreendermos o universo dentro de todos nós. Assim, passamos a enxergar a importância da *ordem* e do *caos*. Assim, passamos a ver os *hábitos* e o *acaso* não mais como fonte de medos, mas como um convite para o *viver* e para o *existir*. Nós somos os nossos hábitos? Sem dúvida. Porém, somos também quem os elege, quem os faz nascer do nada existente.

Talvez esse seja o nosso maior milagre: *o milagre de poder e de saber existir*.

*Saiba ser ordem. Saiba ser caos.*

Somente assim abandonamos o *medo de viver*. Somente assim cada um de nós encontrará a sua *coragem de existir*.

## CORAGEM DE EXISTIR

*A busca pela vida plena.* Foi este é o nosso percurso. Nós tratamos da *liberdade* e da importância de sua forma e de nossos contornos. Nós compreendemos o valor do *outro* e do *eu* para poder existir em igualdade. Nós entendemos o *tempo* e a sua inevitabilidade, assim como o *amor* e suas direções. Por fim, nós compreendemos a própria *existência*, a *cosmologia de cada ser* e do universo existente dentro de nós. Antes, cada um desses aspectos era uma fonte do nosso *medo de viver*. Uma das razões pelas quais tantas vezes temíamos a própria *vida*. Agora, não mais. Agora, eles se tornam uma sabedoria: a sabedoria do *existir*. Uma fonte de *felicidade*.

Afinal, como tratarmos da *vida digna de ser vivida* sem tocar neste ponto fundamental: a *felicidade*. Talvez esta seja, inclusive, a sua melhor definição. *Felicidade é o bem viver*. Não faz sentido buscá-la como algo efêmero, como algo momentâneo e sinônimo dos pequenos prazeres, das excitações instantâneas e de alegrias passageiras. A nossa busca deveria ser sempre por um contentamento contínuo.

Deveríamos então ignorar as tristezas? Nunca. Cabe a cada um de nós conquistar a sabedoria e a maturidade necessárias para fazer, de sua própria *existência*, uma fortuna perdurável. Um contentamento presente em todos os nossos dias, não somente diante das alegrias e prazeres, mas também diante das possíveis dores e tristezas. *Felicidade não é o oposto de tristeza – o nome desse sentimento é alegria. Felicidade é a capacidade de vivermos todos esses instantes em uma real existência.* Quão triste não seria a nossa ventura se ela fosse possível apenas na ausência de tristezas? Nos vale muito mais uma felicidade contínua.

É a *felicidade como um bem viver*. Como um ato contínuo e o constante hábito de criação de si mesmo. Existirão incertezas, angústias e sofrimentos? Com certeza. São parcelas inegáveis da *vida*. Apenas o tolo as desconhece, o sábio não. A *vida digna de ser vivida*, a verdadeira sabedoria, é a capacidade de lidarmos com cada um desses momentos e a felicidade de exercermos o nosso *existir* e a nossa *liberdade* da forma mais plena possível – até nos piores dias. *Se a vida é um convite ao ato, a felicidade é a própria ação. Um agir.*

É a coragem de *agir* de todos os dias. De *existir*, não apenas no encantamento, na paz, no repouso, mas também no conflito, nos traumas, na superação.

Ser incapaz de viver a felicidade diante das dores é ser feliz de menos. Nós podemos construir o *pleno viver* mesmo quando a *vida* não for amável. Como? Por *amarmos* a nós mesmos. Por amarmos a nossa própria *existência* e a nossa chance de *sermos*. Diante dos sofrimentos, nós não deveríamos nunca padecer – nós deveríamos sempre *agir*. É tornar a felicidade uma virtude constante, ao invés de entregá-la aos desejos do acaso ou do destino. Nós não vencemos o *medo de viver* aumentando o padecimento. Nós não vencemos o medo nos trancando em gaiolas onde as dores não nos atingem. Nós o vencemos pelo amor ao voo, pela felicidade de nos construirmos.

Nesse sentido, são valiosas as palavras de Aristóteles: *a felicidade é uma atividade virtuosa*, um constante *agir*. Se nos tornarmos capazes de conquistar essa maturidade, o *bem viver* não depende mais de uma sorte casual, o *bem viver* se torna a própria felicidade em si. Assim, a felicidade e a *vida* tornam-se indissociáveis – é a própria *vida digna de ser vivida*. Através da *coragem*, nós conquistamos uma *existência plena*, independente de qualquer infortúnio ou acidente. Dessa forma, a felicidade deixa de ser uma ilusão e torna-se concreta, real, possível. Sem dúvida, é uma sabedoria difícil de ser alcançada, porém, uma vez conquistada, torna-se impossível perdê-la. *A coragem de existir nos leva* à felicidade de viver.

A *coragem de existir* não nos torna perfeitos e tampouco deveria. A própria definição da palavra perfeição já nos mostra o motivo para não a desejar: *quando nada mais falta*. Uma obra completa. A vida perfeita apenas acontece quando encontra o seu fim. A nossa busca é pela *vida digna*. O ser perfeito não existe. *O ser digno existe a todo instante*. Os nossos valores são individuais, particulares. As nossas circunstâncias e possibilidades também são. Ainda assim, não estamos e nunca estaremos isentos da virtude e do dever da ação, da importância de nos construirmos através de nossas escolhas, atos e do pleno exercício do nosso *viver*.

Nós somos livres para escolher, só não somos livres para não escolher. Cabe, a cada um de nós, uma nova escolha. Nós podemos padecer durante toda essa nossa existência. Nós podemos nos entregar ao *medo de viver*, sempre amedrontados e presos pelas sombras de demônios reais ou inexistentes, pelas prisões onde tantas vezes inexistimos. Ou podemos, enfim, nos libertar. Nos livrar das gaiolas que nos prendem e conquistar a sabedoria necessária para *a vida digna*. Não apenas conquistá-la, mas também vivê-la. Somente assim nos tornamos capazes de construir uma existência verdadeira – livre de tantas ausências. Sabedoria só é *sabedoria* quando transformada em prática. Portanto, faça de cada uma destas páginas, um *ato*. Transforme cada um destes capítulos em caminhos para uma *vida digna*. Assim nós vencemos o medo. Assim nós vencemos as nossas próprias sombras e prisões – e construiremos um *existir*.

Esta é a busca deste livro.

*Compreenda o valor de sua liberdade e a importância de desenhar os seus contornos para exercê-la. Compreenda o valor do outro e de todas as alteridades ao nosso redor para a construção de seu próprio ser. Compreenda o valor do eu e sua condição de igualdade com o todo existente. Compreenda o valor da vida e os caminhos necessários para percorrê-la. Ordem e caos. União e superação. Compreenda o tempo, o passado, o futuro e o presente. Compreenda o amor pela sua própria existência e o que ela significa. Compreenda tudo o que for preciso para o seu verdadeiro existir. Mas, principalmente, exista.*

A coragem de existir nos faz viver. O medo de viver nos faz inexistir. Porque no fundo nós não tememos a *morte*. No fundo, nós tememos a vida.

Aos poucos, todo mundo morre. Não facilite a tarefa deixando de viver.

*Coragem, caro leitor. Coragem.*

Fonte TIEMPOS TEXT
Papel PÓLEN BOLD 90 g/m²
Impressão IMPRENSA DA FÉ